PARIS: MAIO DE 68

PARIS: MAIO DE 68

SOLIDARITY

Copyright desta edição © 2008 by Conrad Editora do Brasil Ltda.
Título original Paris: May 1968

CAPA Marcos Rolando Sacchi
TRADUÇÃO Leo Vinicius
EDIÇÃO DE TEXTO Coletivo Baderna
PRODUÇÃO GRÁFICA Alberto Nascimento

Dados Internacionais de Catalogação na Publicação (CIP)
(Câmara Brasileira do Livro, SP, Brasil)

Paris : Maio de 68 / Solidarity ; [tradução Leo Vinicius]. -- São Paulo : Conrad Editora do Brasil, 2008. -- (Coleção baderna)

Título original: Paris : May 1968.
ISBN 978-85-7616-295-7

1. Paris (França) - História - 1944-
2. Revoltas - França - Paris I. Solidarity.
II. Série.

08-04115   CDD-944.083

Índices para catálogo sistemático:
1. Paris : França : 1968 : História   944.083

CONRAD LIVROS
Rua Simão Dias da Fonseca, 93 – Aclimação
São Paulo – SP 01539-020
Tel.: 11 3346.6088 / Fax: 11 3346.6078
atendimento@conradeditora.com.br
www.conradeditora.com.br

SUMÁRIO

Apresentação 9

Introdução 13

Rua Gay-Lussac
Domingo, 12 de maio 15

O 13 de maio – da Renault para as ruas de Paris
Segunda-feira, 13 de maio 21

O "Soviet" da Sorbonne 37

Os revolucionários do Censier 49

Unindo forças 55

"Attention Aux Provocateurs" 63

França, 1968 73

APRESENTAÇÃO

O primeiro a ser acusado pelos acontecimentos de maio de 1968 foi o filósofo alemão Herbert Marcuse. Para os gaullistas, a culpa era da CIA. Os stalinistas, como sempre, tentaram uma solução de unidade que agradasse a direita: a culpa era da CIA, da qual Marcuse seria agente. Anos depois, dizia-se que tudo não teria passado de arte do estudante Daniel Cohn-Bendit. Mas para alguns teria sido Sartre, ou Jean-Luc Godard. Quem sabe? No momento em que escrevo, lê-se, inclusive na Wikipédia, que tudo teria sido planejado por Guy Debord, feito um dr. Mabuse turbinado. E assim a imprensa e a academia conduzem, de suspeito a suspeito, a procura daquele que teria sido o grande líder, o genial (ou maligno) cérebro responsável pela famosa baderna parisiense.

Era de se esperar que a passagem do tempo nos trouxesse retratos mais objetivos daquela revolta. Mas não. A passagem do tempo parece deixar os candidatos a líderes e seus partidários ainda mais ansiosos para garantir que sua versão seja aquela gravada nos mármores do palácio da História. Mesmo que à custa de algumas "ligeiras" alterações para sua história parecer mais real. Não se acaba, por exemplo, de descobrir que *A Sociedade do Espetáculo* foi o *best-seller* daquele momento, a "bíblia" dos estudantes? Debord, que adorava esse tipo de fraude, deve rolar de gargalhadas em seu túmulo. Justo ele, que naqueles anos 60 não conseguia disfarçar a decepção com as insignificantes vendas de seu livro e o ciúme com o sucesso de *A Arte de Viver Para As Novas Gerações* (cuja repercussão foi tamanha que fez Debord botar o autor, Raoul Vaneigem, para fora da então já esvaziada Internacional Situacionista). É até engraçado, dentro dessas guerras de egos, que o próprio Marcuse tenha, em diversas ocasiões, negado sua suposta influência sobre as mentes da juventude francesa (apesar de estar nas capas de todo tipo de revista, apesar de seus livros serem *best-sellers* até no Brasil da época).

É claro que relatos e reportagens escritos naquele momento são documentos essenciais. E temos muito material desse tipo (como era inevitável, tratando-se da França). Mas, por tudo o que foi dito antes, é difícil cobrar dos militantes da época um retrato objetivo, que transcenda, por exemplo, as paixões e antipatias do momento. Afinal, quem faz História raramente tem tempo de contar história. Por outro lado, os observadores externos, da imprensa principalmente, estavam muito despreparados para entender aquele novo mundo de siglas, personagens nunca antes vistos, reivindicações inéditas e métodos "organizacionais" inescrutáveis.

É por isso que este texto do grupo inglês Solidarity é tão precioso. Publicado originalmente em junho de 1968, é um retrato feito no calor do momento, com as imagens vívidas na mente de seu redator – alguém que sabia do que estava falando. O Solidarity surgiu no início dos anos 60, a partir de uma dissidência da trotskista Socialist Labour League. Acabou se aproximando do grupo francês Socialisme ou Barbarie (S ou B), outra dissidência do trotskismo. Foi o responsável pelas primeiras traduções dos textos do S ou B para o inglês e é fre-qüentemente confundido como sendo uma ala inglesa do grupo francês. Mas, enquanto o S ou B entrou em crise já na primeira metade dos anos 60 e logo deixou de existir – seu principal nome, Cornelius Castoriadis, acabou desistindo da idéia de revolução –, o Solidarity continuou na ativa até meados dos anos 80.

Ainda no final de 1967, foi um dos raros grupos a perceber de imediato os rumos que tomava o movimento estudantil na França. Por isso, já estava em uma posição privilegiada para observar o que aconteceu em maio do ano seguinte. Seus integrantes, por serem estrangeiros, puderam circular mais livremente em meio à guerra interna de tendências que predominava na Sorbonne invadida. Como já entendiam com profundidade as discussões em andamento, souberam estar nos lugares certos nos momentos certos.

Ainda que este texto tenha sido publicado originalmente sem assinatura, logo ficou claro que tinha sido escrito por um militante específico do grupo Solidarity: Maurice Brinton. O problema era saber quem era Maurice Brinton. Se por um lado é reconhecido como um dos mais instigantes pensadores socialistas na segunda metade do século XX, por outro sua biografia era um mistério até que, no dia 10 de março de 2005, morreu o dr. Chris Pallis, aos 81 anos.

Christopher Agamemnon Pallis foi o maior neurologista da Inglaterra, e um dos maiores do mundo. Não só é o autor do verbete "morte" da *Enciclopédia Britânica* como foi quem desenvolveu o conceito de morte cerebral aplicado na maior parte dos hospitais. Nasceu na Índia, estudou na Suíça e se formou em medicina em Oxford. Era fluente em grego e francês, gostava de viajar e nadar, vivia num lar feliz e tranqüilo com a esposa e o filho e, ao mesmo tempo, qual um Hyde do bem, era Maurice Brinton.

Assim, sua bibliografia tem, ao lado de *The Neurology of Gastrointestinal Disease* e *ABC of Brainstem Death* (uma obra-prima, segundo a crítica especializada), livros como *The Bolsheviks & Workers Control, 1917 to 1921: The State & Counter-revolution*. Em 1967, enquanto acompanhava com atenção a movimentação estudantil na França, Pallis era indicado como médico especial do presidente da Índia. Não é de se estranhar a suspeita de que ele tenha sido um dos idealizadores do Spies for Peace, um misterioso agrupamento pacifista que aterrorizou o governo britânico no início dos anos 60. O dr. Pallis entendia das coisas.

Muito se escreveu sobre o Maio de 68. Já nos meses seguintes ao acontecimento, as livrarias francesas estavam cheias de livros sobre o tema. Mas raros textos, se é que existe algum, têm o frescor deste testemunho.

Marietta Baderna

INTRODUÇÃO

ESTE É UM RELATO DE UMA TESTEMUNHA OCULAR que passou duas semanas em Paris durante o mês de maio de 1968. Ele expressa o que uma pessoa viu, ouviu e descobriu durante esse curto período. O relato não pretende ser extenso. Ele foi escrito com pressa, sendo sua proposta informar mais do que analisar – e informar rapidamente.

Os eventos ocorridos na França possuem uma importância que vai além das fronteiras da França moderna. Eles deixarão sua marca na história da segunda metade do século XX. As fundações da sociedade burguesa francesa acabaram de ser sacudidas. Qualquer que seja a conseqüência da luta em curso, devemos tranqüilamente nos darmos conta de que o mapa político da sociedade capitalista ocidental nunca será o mesmo novamente. Uma era inteira se encerrou: a era durante a qual as pessoas podiam dizer, com uma cara de sensatez, que "tal coisa não poderia acontecer aqui". Uma outra era está começando: na qual as pessoas sabem que a revolução é possível sob as condições do capitalismo burocrático moderno.

Para o stalinismo, também uma era chega ao fim: a era na qual os partidos comunistas na Europa Ocidental podiam afirmar (certamente com decrescente credibilidade) que ainda eram organizações revolucionárias, mas que as ocasiões revolucionárias nunca apareciam. Essa idéia foi agora irrevogavelmente varrida para a proverbial "lata de lixo da história". Quando as cartas estão na mesa, o Partido Comunista Francês e os trabalhadores sob sua influência provaram ser o último e mais efetivo "freio" do desenvolvimento da atividade revolucionária autônoma da classe trabalhadora.

Uma análise completa dos eventos na França terá eventualmente que ser empreendida, uma vez que sem um entendimento da sociedade moderna, nunca será possível mudá-la conscientemente. Mas essa análise terá de esperar até a poeira baixar. O que pode ser dito agora é que, se honestamente levada a cabo, tal análise obrigará muitos revolucionários "ortodoxos" a descartar grande número de idéias ultrapassadas, slogans e mitos, de modo a reavaliarem a realidade contemporânea, particularmente a realidade do capitalismo burocrático moderno, sua dinâmica, seus métodos de controle e manipulação, as razões de seu poder de recuperação e de sua fragilidade e – o mais importante – a natureza de suas crises. Conceitos e organizações que forem insuficientes deverão ser descartados. O novo fenômeno (novo em si mesmo ou para a teoria revolucionária tradicional) terá de ser reconhecido pelo que é e deverá ser interpretado em todas as suas conseqüências. Os *verdadeiros* eventos de 1968 terão então de ser integrados em um novo arcabouço de idéias. Sem esse desenvolvimento da teoria revolucionária, não pode haver desenvolvimento da prática revolucionária – e, ao longo do tempo, uma transformação da sociedade através de ações *conscientes* dos homens.

Inglaterra, junho de 1968

RUA GAY-LUSSAC
DOMINGO, 12 DE MAIO

A RUA GAY-LUSSAC AINDA TRAZ AS MARCAS DA "noite das barricadas". Carros destruídos pelo fogo cobrem o chão, com suas carcaças sem tinta, sujas e cinzentas. As pedras do calçamento, removidas do meio da rua, encontram-se em grandes montanhas nos dois lados. Um vago cheiro de gás lacrimogêneo ainda permanece no ar.

Na junção com a rua Ursulines há um canteiro de obras cuja cerca de arame foi esburacada em vários lugares. Daqui foi levado material para pelo menos uma dúzia de barricadas: tapumes, carrinhos de mão, cilindros de metal, vigas de aço, betoneiras, blocos de pedra. O local também forneceu uma broca pneumática. Os estudantes não puderam usá-la, é claro – não, até que um operário da construção que passava mostrou como usá-la; talvez o primeiro trabalhador a apoiar ativamente a revolta estudantil. Uma vez quebrada, a superfície da rua forneceu paralelepípedos, que logo foram utilizados de várias formas.

Tudo isso já é história.

Pessoas andam para cima e para baixo na rua, como se tentassem se convencer de que aquilo realmente havia acontecido. Elas não são estudantes. Os estudantes sabem o que aconteceu e o porquê de ter acontecido. Elas também não são moradores locais. Os moradores locais viram o que aconteceu, a violência dos ataques da CRS[1], as investidas contra os feridos, os ataques contra pessoas que só observavam, a fúria solta da máquina do Estado contra aqueles que o desafiaram. Aqueles que estão nas ruas são as pessoas comuns de Paris, pessoas de distritos vizinhos, horrorizadas com o que ouviram no rádio ou leram nos jornais, e que vieram caminhar em uma bela manhã de domingo para ver tudo com seus próprios olhos. Elas estão conversando em pequenos grupos com os moradores da rua Gay-Lussac. A Revolução, tendo por uma semana tomado conta da universidade e das ruas do Quartier Latin, está começando a tomar conta da cabeça das pessoas.

No dia 3 de maio, sexta-feira, a CRS fez sua visita à Sorbonne. Eles foram convidados por Paul Roche, reitor da Universidade de Paris. É quase certo que o reitor tenha agido com a conivência de Alain Peyrefitte, ministro da Educação, se não com a do próprio Elysée[2]. Muitos estudantes foram presos, espancados, e muitos foram sumariamente condenados.

A inacreditável – embora inteiramente previsível – incompetência desta "solução" burocrática para o "problema" do descontentamento estudantil precipitou uma reação em cadeia. Ela despertou a raiva, o ressentimento e a frustração de dezenas de milhares de jovens que possuíam agora um motivo para uma ação futura, além de um objetivo alcançável. Os estudantes, despejados da universidade, tomaram as ruas, reivindicando a libertação de seus companheiros, a reabertura de suas faculdades, a remoção dos policiais.

Levas e levas de novas pessoas logo entraram na luta. O sindicato estudantil (UNEF) e o sindicato dos professores da universidade (SNESup) convocaram uma greve por tempo indeterminado. Durante uma semana os estudantes defenderam suas idéias em manifestações de rua cada vez maiores e mais militantes. No dia 7 de maio, terça-feira, 50 mil estudantes e professores marcharam pelas ruas, atrás de uma única bandeira: "Vive La Commune", e cantaram a Internationale no Túmulo do Soldado Desconhecido, no Arco do Triunfo. Na sexta-feira, dia 10, estudantes e professo-

---

[1] Corps Républicain de Securité, uma das corporações policiais da França. (N.T.)
[2] Nome do palácio que é sede do governo francês. (N.T.)

res decidiram ocupar em massa o Quartier Latin. Eles achavam que tinham mais direito de estarem lá do que a polícia, visto que quartéis já haviam sido construídos para ela em outros lugares. A coesão e a clareza do objetivo dos manifestantes apavorou os poderes estabelecidos. Não se poderia permitir que o poder dormisse com essa plebe, que tinha tido até mesmo a audácia de levantar barricadas.

Outro gesto inapropriado foi necessário. Outro reflexo administrativo convenientemente materializado. Fouchet (ministro do Interior) e Joxe (primeiro-ministro Interino) ordenaram que Grimaud (superintendente da Polícia de Paris) limpasse as ruas. A ordem foi confirmada por escrito, sem dúvida para ser guardada para a posteridade como um exemplo do que não se deve fazer em certas situações. A CRS avançou... limpando a rua Gay-Lussac e abrindo as portas da segunda fase da Revolução.

Na rua Gay-Lussac e ruas adjuntas, os muros marcados pela batalha trazem uma mensagem dupla. Eles dão testemunho da incrível coragem daqueles que tomaram conta da região por várias horas em meio a um dilúvio de gás lacrimogêneo, bombas de fósforo e intensos ataques de golpes de cassetete da CRS. Mas eles também mostram um pouco daquilo pelo qual os guerreiros lutavam... A propaganda através de inscrições e desenhos em muros e paredes é uma parte integrante da Paris revolucionária de Maio de 1968. Ela se tornou uma atividade de massa, parte e parcela do método de auto-expressão da Revolução. Os muros do Quartier Latin são os depositários de uma nova racionalidade, não mais confinada nos livros, mas sim democraticamente exposta no nível da rua e tornada disponível a todos. O trivial e o profundo, o tradicional e o exótico, o convívio íntimo nessa nova fraternidade, quebrando rapidamente as rígidas barreiras e divisões na cabeça das pessoas.

"Désobéir d'abord: alors écris sur les murs (Loi du 10 Mai 1968)"[3] a tinta ainda está fresca e a mensagem é clara. "Si tout le peuple faisait comme nous"[4] ansiosamente sonha outra, em uma alegre

---

[3] "Desobedeça primeiro antes de escrever nos muros (Lei de 10 de maio de 1968)". (N.T.)
[4] "Se todo mundo fizesse como nós" (N.T.)

intuição, penso eu, mais do que em um espírito de substitucionismo vindo de uma auto-saciação. A maioria dos slogans é direta, precisa e completamente ortodoxa: "Liberez nos camarades", "Fouchet, Grimaud, demisson", "A bas l'État policier", "Greve Générale Lundi", "Travailleurs, étudiants, solidaires", "Vive les Conseils Ouvrièrs"[5]. Outros slogans refletem novas preocupações: "La publicité te manipule", "Examens = hiérarchie", "L'art est mort, ne consommez pas son cadavre", "A bas la societé de consommation", "Debout les damnés de Nanterre"[6]. O slogan "Baisses-toi et broute"[7] é obviamente direcionado àquelas pessoas mais conservadoras.

"Contre la fermentation groupusculaire"[8] queixa-se uma grande inscrição escarlate. E está realmente fora de compasso. Em todos os lugares há uma profusão de cartazes e periódicos colados: *Voix Ouvrière*, *Avant-Garde* e *Révoltes* (dos trotskistas), *Servir le Peuple* e *Humanité Nouvelle* (dos devotos do líder Mao), *Le Libertaire* (dos anarquistas), *Tribune Socialiste* (do PSU – Parti Socialiste Unifié, Partido Socialista Unificado). Até mesmo estranhas edições de *l'Humanité*[9] estão coladas. É difícil lê-las, de tão cobertas que estão por comentários críticos.

Em um tapume, eu vi um grande anúncio de um novo queijo: uma criança mordendo um enorme sanduíche. O jargão dizia "C'est bon le fromage Soand-So"[10]. Alguém cobriu as últimas palavras com tinta vermelha. No cartaz ficou escrito "C'est bon la Révolution"[11]. As pessoas passam, olham e sorriem.

Eu converso com meu acompanhante, um homem de cerca de 45 anos, um "velho" revolucionário. Discutimos as tremendas pos-

---

[5] "Liberte nossos camaradas", "Fouchet, Grimaud, renúncia", "Abaixo o Estado policial", "Greve Geral Segunda-Feira", "Trabalhadores, estudantes, solidários", "Viva os Conselhos Operários". (N.T.)
[6] "A publicidade te manipula", "Exames = hierarquia", "A arte está morta, não consuma seu cadáver", "Abaixo a sociedade de consumo", "De pé os condenados de Nanterre". (N.T.)
[7] "Se abaixe e paste". (N.T.)
[8] "Contra a agitação de pequenos grupos". (N.T.)
[9] Jornal oficial do Partido Comunista Francês.
[10] "É bom o queijo Soand-So". (N.T.)
[11] "É boa a Revolução". (N.T.)

sibilidades que agora se abrem. Ele subitamente se volta na minha direção e aparece com uma frase memorável: "Pensar que tivemos de ter filhos e esperar vinte anos para ver isso..."
Falamos com outros na rua, com jovens e velhos, com "politizados" e "apolíticos", com pessoas de todos os níveis de entendimento e comprometimento. Todos estão predispostos a falar – na verdade todos querem falar. Todos parecem extraordinariamente articulados. Não achamos ninguém predisposto a defender as ações do governo. As "críticas" se dividem em duas vertentes principais:

Os professores universitários "progressistas", os comunistas, e uma quantidade de estudantes vêem a principal raiz da "crise" estudantil no atraso da Universidade em relação às necessidades sociais atuais, no ensino bastante inadequado que é fornecido, na atitude semifeudal de alguns professores, e na insuficiência geral da oportunidade de empregos.

Para eles, a Universidade está desadaptada ao mundo moderno. O remédio pra eles é a adaptação: uma reforma modernizante que arrancasse as teias de aranha, aumentasse o quadro de professores, construísse melhores auditórios, aumentasse o orçamento para a educação, quem sabe um costume mais liberal no campus e, por fim, um emprego assegurado.

Para os rebeldes (o que incluía alguns, mas de forma alguma "todos", "velhos" revolucionários), esta preocupação em adaptar a Universidade à sociedade moderna é uma piada. Para eles, é a própria sociedade moderna que deve ser rejeitada. Eles consideram a vida burguesa trivial e medíocre, repressiva e reprimida.

Não possuem nenhum anseio (somente desprezo) pelas carreiras administrativas e diretivas que ela reserva a eles. Eles não buscam se integrar na sociedade adulta. Pelo contrário, estão procurando uma oportunidade para contestar radicalmente sua adulteração. A força motriz da sua revolta é a sua própria alienação, a falta de significado da vida no capitalismo burocrático moderno. Não é certamente uma simples deterioração econômica dos seus padrões de vida. Não é acidental que a "revolução" tenha começado nas faculdades de Sociologia e Psicologia de Nanterre. Os estudantes viram que a sociologia que lhes era ensinada era um meio de controle e manipulação da sociedade, e não um meio de compreendê-la de modo a transformá-la. No decorrer, eles descobriram a sociologia revolucionária. Rejeitaram o nicho reservado para eles na grande pirâmide da burocracia, o de "especialistas" a serviço do poder tecnocrático, especialistas do "fator humano" na equação industrial moderna. Descobriram também a importância da classe trabalhadora. O impressionante é que, pelo menos entre os estudantes ativos, estes "sectários" subitamente pareceram ter se tornado a maioria: seguramente esta é a melhor definição de qualquer revolução. As duas vertentes de "crítica" do sistema educacional francês moderno não se neutralizam uma à outra. Pelo contrário, cada uma cria seu próprio gênero de problemas para as autoridades da Universidade e para os funcionários do Ministério da Educação. A verdadeira questão é que uma das vertentes de crítica – a que alguém poderia chamar de quantitativa – poderia ser enfrentada e incorporada com sucesso pela sociedade burguesa moderna. A outra – a qualitativa – jamais. E era isto o que gerava seu potencial revolucionário. O "problema que a Universidade apresenta", para os poderes estabelecidos, não reside em não se poder encontrar dinheiro para pagar mais professores. Na verdade o dinheiro pode ser encontrado. O "problema" é que a Universidade está cheia de estudantes – e que as cabeças dos estudantes estão cheias de idéias revolucionárias.

Entre aqueles com os quais falamos, havia uma profunda consciência de que o problema não poderia ser resolvido no Quartier Latin, que o isolamento da revolta em um "gueto" estudantil (mesmo que em um "gueto" autônomo) significaria a derrota. Eles compreendem que a salvação do movimento reside na sua extensão a outros setores populares. Porém, aqui grandes diferenças aparecem. Quando alguns falam da importância da classe trabalhadora, tratam como se ela fosse uma substituta para o engajamento deles na luta, uma desculpa para denegrir a luta estudantil chamando-a de "aventureira". No entanto, é exatamente por causa da sua incomparável militância que a ação dos estudantes estabeleceu todas aquelas atividades de ação direta, que começaram a influenciar os jovens trabalhadores, e incomodar as organizações estabelecidas. Alguns estudantes compreendem o relacionamento dessas lutas mais claramente. Encontraremos eles mais tarde, no Censier, animando os comitês de ação de "trabalhadores e estudantes". É o suficiente, por enquanto, sobre o Quartier Latin. O movimento já se espalhou para além de seus restritos confins.

O 13 DE MAIO
DA RENAULT PARA AS RUAS DE PARIS
SEGUNDA-FEIRA, 13 DE MAIO

SÃO 6:15 HORAS DA MANHÃ NA AVENIDA Yves Kermen. Um dia claro e com céu limpo. Uma multidão começa a se reunir fora dos portões da gigantesca fábrica da Renault em Boulogne Billancourt. As principais "centrais" sindicais (CGT – Confederação Geral do Trabalho, CFDT – Confederação Francesa Democrática do Trabalho, e FO – Força Operária) convocaram um dia de greve geral. Elas estão protestando contra a violência policial no Quartier Latin e pelas reivindicações salariais, de jornada de trabalho, de idade de aposentadoria e pelos direitos dos sindicatos nas fábricas, todas há muito tempo negligenciadas.

Os portões da fábrica estão escancarados. Nenhum guarda ou supervisor à vista. Os trabalhadores fluem para o interior da fábrica. Um megafone orienta para que sigam para seus respectivos locais de trabalho, para que não comecem a trabalhar e para seguirem, às 8 horas, ao tradicional local de reunião, uma enorme espécie de barracão no meio da Ile Seguin (uma ilha no Sena totalmente coberta pelas instalações da Renault).

Cada trabalhador que passa pelos portões recebe um panfleto dos grevistas, conjuntamente produzido pelos três sindicatos. Panfletos em espanhol são também distribuídos (mais de 2 mil trabalhadores espanhóis são empregados da Renault). Oradores franceses e espanhóis se revezaram no microfone fazendo pequenos pronunciamentos. Embora todos os sindicatos estejam apoiando a greve de um dia, todos os oradores parecem pertencer à CGT. O alto-falante é deles...

São 6:45 horas da manhã. Centenas de trabalhadores estão entrando agora. Muitos parecem ter vindo para trabalhar, e não para participar de reuniões de greve na fábrica. A decisão de convocar a greve foi tomada somente no sábado a tarde, após os trabalhadores já terem se dispersado no fim de semana. Muitos parecem não saber do que se trata. Estou impressionado com o número de argelinos e trabalhadores negros.

Há apenas poucos cartazes no portão, mais uma vez a maioria da CGT. Alguns grevistas carregam cartazes da CFDT. Não há sequer um único cartaz da FO à vista. A rua e os muros fora da fábrica foram quase totalmente cobertos com slogans: "Greve de um dia na Segunda", "Unidade em defesa de nossas reivindicações", "Não aos monopólios".

O pequeno bar próximo ao portão está lotado. As pessoas parecem extraordinariamente conscientes e comunicativas para uma hora tão cedo como aquela. Uma banca de revistas está vendendo cerca de três exemplares de *l'Humanité* de cada quatro exemplares de qualquer título que vendem. A seção local do Partido Comunista está distribuindo um panfleto pedindo "determinação, calma, atenção e unidade" e alertando sobre "provocadores".

Os grevistas não tentam convencer aqueles que passam. Ninguém parece saber se eles obedeceram à convocatória de greve ou não. Menos de 25% dos trabalhadores da Renault pertencem a algum sindicato. Esta é a maior fábrica de carros da Europa.

O megafone torna pública sua mensagem:

> A CRS recentemente atacou agricultores em Quimper, e trabalhadores em Caen, Rhodiaceta (Lyon) e Dassault. Agora eles estão se voltando contra os estudantes. O regime não tolerará oposição. Não modernizará o país. Não nos garantirá nossas reivindicações salariais básicas. Nossa greve de um dia mostrará ao governo e aos patrões nossa determinação. Devemos forçá-los a recuar.

A mensagem é repetida diversas vezes, como se fosse um disco quebrado. Eu gostaria de saber se ao menos o orador acredita no que está falando, ou se ele sequer percebe o que está por vir. Às 7 horas da manhã, cerca de uma dúzia de trotskistas da FER (Federação de Estudantes Revolucionários) aparecem para vender seu jornal, *Révoltes*. Eles usam grandes broches vermelho e branco que declaram suas identidades políticas. Um pouco mais tarde, um outro grupo chega para vender o *Voix Ouvrière*. O alto-falante imediatamente pára de atacar o governo gaullista e sua CRS, para atacar os "provocadores" e os "elementos destrutivos, estranhos à classe trabalhadora". O orador stalinista dá a entender que aqueles que vendem os jornais estão a serviço do governo. Se eles estão aqui, "a polícia deve estar na vizinhança, de olho...". Uma discussão exaltada começa entre os que vendem e os dirigentes da CGT. Aos grevistas da CFDT é negado o uso dos alto-falantes. Eles gritam "démocratie ouvrière"[12] e defendem o direito dos "elementos destrutivos" venderem seus materiais. Um direito um tanto abstrato, uma vez que sequer um folheto é vendido. A primeira página do *Révoltes* traz um artigo exótico sobre a Europa Oriental.

Muitas injúrias foram trocadas, mas sem agressões físicas. Durante uma argumentação eu ouço Bro. Trigon (delegado do segundo "colégio" eleitoral da Renault) descrever Danny Cohn-Bendit[13] como "un agent du pouvoir"[14]. Um estudante adere a ele nessa altura. Os trotskistas não. Pouco depois das 8 horas os trotskistas vão embora: o "ato de aparição" deles já estava concluído e devidamente gravado para a posteridade.

Aproximadamente na mesma hora, centenas de trabalhadores que entraram na fábrica deixam seus locais de trabalho e se reúnem sob o sol em um espaço aberto a algumas centenas de metros do portão principal, dentro da fábrica. Dali eles caminham em direção à Ile Seguin, atravessando um braço do rio Sena no caminho. Outros grupos de trabalhadores saem de outros pontos da fábrica e convergem para o mesmo local. O teto metálico está a quase cem metros sobre nossas cabeças. Enormes estoques de componentes estão empilhados até o alto em ambos os lados. Ao

---

[12] "Democracia operária". (N.T.)
[13] Estudante anarquista de origem alemã da Universidade de Nanterre, membro do Movimento 22 de Março. (N.T.)
[14] "Um agente do poder". (N.T.)

longe, do lado direito, uma linha de montagem ainda está funcionando, erguendo do chão ao nível do primeiro andar o que parece ser o assento de bancos de carros com as molas fixadas. Cerca de 10 mil trabalhadores logo já se encontram no galpão. Os oradores falam a eles através de um alto-falante, de cima de um pequeno palanque de aproximadamente 10 metros de altura. O palanque fica em frente do que parece ser um posto de inspeção elevado, porém me disseram que trata-se de um escritório do sindicato dentro da fábrica.

O orador da CGT fala de várias reivindicações salariais setoriais. Ele denuncia que a oposição que o governo faz a elas está "nas mãos dos monopólios". Ele apresenta fatos e personagens relacionados com a estrutura salarial. Muitos trabalhadores altamente qualificados não estão ganhando o que devem. Um orador da CFDT é o próximo. Ele trata do constante aumento da velocidade da produção, do deterioramento das condições de trabalho, dos acidentes e do destino do homem na produção. "Que tipo de vida é esta? Teremos que ser marionetes até o fim, executando todos os caprichos da direção?" Ele defende aumentos salariais uniformes para todos ("augmentations non-hiérarchisées"). Na seqüência vem um orador da FO. Ele é o mais competente tecnicamente, mas diz muito pouco. Numa retórica floreada, ele fala de 1936, mas omite qualquer referência a Léon Blum[15]. A reputação da FO é ruim na fábrica, e o orador é incomodado com perguntas várias vezes.

Os oradores da CGT pedem então que os trabalhadores participem *en masse* de uma grande manifestação planejada para a tarde. Assim que o último orador termina, a multidão espontaneamente irrompe em uma estimulante *Internationale*. Os mais velhos parecem saber a maior parte da letra. Os mais jovens apenas sabem o refrão. Um amigo ao lado me assegura que em vinte anos esta é a primeira vez que ele ouviu o hino da *Internationale* cantado dentro da Renault (ele esteve em dezenas de reuniões de massa na Ile Seguin). Há uma atmosfera de excitação, particularmente entre os trabalhadores mais jovens.

---

[15] Léon Blum (1872-1950), foi o primeiro *premier* "socialista" da França, estando a frente do governo da Frente Popular em 1936-37. (N.T.)

A multidão então se dispersa em vários grupos. Alguns caminham de volta sobre a ponte indo para fora da fábrica. Outros prosseguem sistematicamente através dos locais de trabalho, onde algumas centenas de homens ainda estão trabalhando. Alguns desses homens discutem, mas a maioria, na verdade, parece que está simplesmente satisfeita demais para que tenham uma desculpa para parar e juntar-se à passeata. Grupos de grevistas cortam o caminho deles, fazendo piada e cantando em meio a prensas gigantes e tanques. Aqueles que permanecem no trabalho são ironicamente ovacionados, aplaudidos ou exortados a porem "o pé na tábua", ou a "trabalharem mais duro". Os eventuais chefes de seção são meros espectadores impotentes, na medida que uma linha de produção após a outra é parada.

Figuras coloridas estão coladas sobre vários tornos mecânicos: mulheres e campos verdes, sexo e sol. Todos que ainda trabalham são encorajados a sair à luz do dia, de modo que não fiquem apenas sonhando com ela. Na instalação principal, a cerca de um quilômetro de distância, doze homens, se muito, permanecem com seus macacões. Nenhuma voz zangada é ouvida. O que há são brincadeiras muito bem humoradas. Às 11 horas, milhares de trabalhadores haviam saído para uma quente manhã de maio. A venda de cerveja e sanduíche ao ar livre, do lado de fora do portão, está sendo um tremendo negócio.

É 1:15 horas da tarde, as ruas estão cheias. A resposta à convocação da greve geral de 24 horas superou as expectativas mais otimistas dos sindicatos. Apesar da pequena divulgação, Paris está paralisada. A greve foi decidida apenas 48 horas atrás, após a "noite das barricadas". Ela é, além do mais, "ilegal". A lei local exige um aviso prévio de cinco dias na convocação de uma greve "oficial". Foi pouquíssimo tempo para a lei.

Uma compacta falange de jovens está andando pelo Boulevard de Sebastopol na direção de Gare de l'Est. Eles estão seguindo para o ponto de concentração dos estudantes da gigantesca manifestação convocada conjuntamente pelos sindicatos, pela organização dos estudantes (UNEF) e pelas associações de professores (FER e SNESup).

Não há nenhum ônibus ou carro à vista. As ruas de Paris pertencem hoje aos manifestantes. Milhares deles já estão na praça em frente à estação. E outros milhares se deslocam para lá vindos de todas as direções. Pelo que foi decidido pelas organizações, as diferentes categorias devem se reunir separadamente, e então convergir na Place de la Republique, de onde a passeata prosseguirá cortando Paris, via Quartier Latin, à Place Denfert Rochereau. Estão todos como sardinhas em lata desde tão longe quanto os olhos podem enxergar, no entanto ainda falta mais de uma hora para o horário estabelecido para a partida. O sol brilhou durante todo o dia. As garotas estão usando vestidos de verão. Os rapazes estão de manga curta. Uma bandeira vermelha tremula sobre a estação de trem. No meio da multidão existem muitas bandeiras vermelhas, e várias pretas também.

Um homem de repente aparece carregando uma mala cheia de cópias de panfletos. Pertence a algum "grupúsculo". Ele abre sua mala e distribui cerca de uma dúzia de panfletos. Mas não precisa mais continuar sozinho nessa empreitada. Há uma insaciável sede de informação, idéias, literatura, discussão, polêmica.

O homem apenas fica parado e as pessoas o cercam e pedem os panfletos. Dezenas de manifestantes, sem sequer lerem o panfleto, ajudam o rapaz a distribuí-los. Cerca de 6 mil cópias são distribuídas em apenas poucos minutos. Todas parecem ser atentamente lidas. As pessoas discutem, riem, fazem piada. Eu presenciei tais cenas várias vezes.

Vendedores de literatura revolucionária estão se dando bem. Um edital, assinado pelos organizadores da manifestação, no qual está escrito que "a única literatura permitida seria a das organizações responsáveis pela manifestação" (veja *l'Humanité*, 13 de maio de 1968), está sendo entusiasticamente desprezado. Essa restrição burocrática (muito criticada na noite anterior quando foi anunciada no Censier pelos estudantes delegados do Comitê de Coordenação) obviamente é impraticável em uma multidão desse tamanho. A revolução é maior que qualquer organização, mais tolerante do que qualquer instituição "representando" as massas, mais realista do que qualquer edital de qualquer Comitê Central.

Manifestantes subiram em muros, nos tetos das paradas de ônibus, nas grades em frente à estação. Alguns possuem megafones e pronunciam curtos discursos. Todos os "politizados" parecem estar em um lugar ou outro no meio da multidão. Eu posso ver a bandeira da Jeunesse Communiste Révolutionnaire, fotos de Castro e Che Guevara, a bandeira da FER, várias bandeiras do Servir le Peuple (um grupo maoísta) e a bandeira da UJCML (Union de la Jeunesse Communiste Marxiste-Leniniste), outra tendência maoísta. Há também bandeiras de muitos estabelecimentos educacionais que estão ocupados pelos trabalhadores que trabalham neles. Grandes grupos de estudantes de liceus (jovens secundaristas) misturam-se com os estudantes universitários, assim como milhares de professores.

Cerca de 2 horas da tarde a seção estudantil parte cantando a *Internationale*. Andamos de vinte a trinta pessoas lado a lado e com os braços entrelaçados. Há uma fileira de bandeiras vermelhas na nossa frente e uma faixa de 15 metros de largura trazendo quatro simples palavras: "Étudiants, Enseignants, Travailleurs, Solidaires"[16]. É uma visão comovente.

O Boulevard de Magenta inteiro é uma compacta massa humana agitada. Não podemos entrar na Place de la Republique, já lotada de manifestantes. Não é possível sequer se mover pelas calçadas ou através das ruas adjacentes. Não há mais nada além de pessoas, tão longe quanto os olhos podem alcançar.

Na medida que lentamente prosseguimos pelo Boulevard de Magenta, notamos em uma sacada no terceiro andar, do nosso lado direito, um escritório do SFIO (Partido Socialista). A sacada está enfeitada com algumas velhas bandeiras vermelhas e uma faixa pedindo "Solidariedade com os estudantes". Alguns indivíduos com idade avançada acenam pra gente, um pouco constrangidos. Alguém na multidão começa a cantar "O-pur-tu-nistes"[17]. O slogan é seguido, ritmicamente gritado por milhares de pessoas, para transtorno daqueles na sacada, que acabam batendo em rápida retirada. As pessoas não esqueceram o uso da CRS contra a greve dos mineiros em 1958 pelo ministro do Interior "socialista" Jules Moch. Eles lembram do primeiro-ministro "socialista" Guy Mollet e seu papel durante a guerra na Argélia. Impiedosamente, a multidão mostra seu desprezo pelos desacreditados políticos, que agora tentam apenas ser oportunistas. "Guy

---

[16] "Estudantes, Professores, Trabalhadores, Solidários". (N.T.)

[17] "O-por-tu-nis-tas". (N.T.)

Mollet, au musée"[18], eles gritam, entre risadas. É verdadeiramente o fim de uma era.

Lá pelas 3 horas da tarde finalmente alcançamos a Place de la Republique, nosso ponto de partida. A multidão aqui é tão densa que várias pessoas desmaiam e têm que ser carregadas aos bares próximos. Nos bares as pessoas estão quase tão apertadas quanto na rua, mas podem pelo menos evitar serem machucadas. A janela de um bar cede sob a pressão da multidão lá fora. Há um verdadeiro medo, em várias partes na multidão, de se morrer esmagado. O primeiro contingente sindical felizmente começa a deixar a praça. Não há um policial sequer à vista.

Embora a manifestação tenha sido declarada uma manifestação conjunta, os líderes da CGT ainda estão se empenhando desesperadamente para evitar uma mistura, nas ruas, de estudantes e trabalhadores. Eles têm um relativo sucesso nessa tentativa. Cerca de 4:30 horas da tarde, os professores e estudantes, talvez somando 80 mil, finalmente deixam a Place de la Republique. Centenas de milhares de manifestantes os precederam, centenas de milhares de manifestantes os seguiram, porém o contingente de "esquerda", de fato e eficazmente, "encurralou" a manifestação. Vários grupos, entendendo enfim a manobra da CGT, se desprendem quando saímos da praça. Eles pegam atalhos por várias ruas laterais, nas esquinas, e conseguem infiltrar grupos de cerca de cem pessoas em partes da passeata que passam pela frente ou por trás deles. Os organizadores stalinistas, andando de mãos dadas e cercando a passeata dos dois lados, são impotentes para impedir estes súbitos influxos. Os estudantes se dispersam como peixes na água tão logo tenham entrado no meio de um determinado grupo. Os próprios manifestantes da CGT são muito amigáveis e prontamente incorporam os recém-chegados, mesmo sem terem certeza do que se trata. A aparência, as roupas e o modo de falar dos estudantes não permite que sejam identificados tão facilmente como seriam na Grã-Bretanha.

O principal contingente de estudantes prossegue como um corpo compacto. Agora que passamos o gargalo da Place de la Republique o passo está bem rápido. O grupo dos estudantes, en-

---

[18] "Guy Mollet, para o museu". (N.T.)

tretanto, leva pelo menos meia hora para passar por um determinado ponto. Os slogans dos estudantes contrastam de forma chamativa com os da CGT. Os estudantes gritam "Le Pouvoir aux Ouvrièrs", "Le Pouvoir est dans le rue", "Liberez nos camarades"[19]. Os membros da CGT gritam "Pompidou, démission"[20]. Os estudantes cantam "De Gaulle, assassin"[21], ou "CRS-SS". A CGT: "Des sous, pas de matraques", ou "Defence du pouvoir d'achat"[22]. Os estudantes dizem "Non a l'Université de classe"[23]. A CGT e os estudantes stalinistas, reunidos em volta da faixa de seu jornal *Clarté*, respondem "Université Démocratique"[24]. Profundas diferenças políticas estão por trás da diferença de ênfase. Alguns slogans são seguidos por todos, slogans como "Dix ans, c'est assez", "A bas l'État policier", ou "Bon anniversaire, mon Général"[25]. Grupos inteiros cantam, em tom de tristeza, o conhecido refrão: "Adieu, De Gaulle"[26]. Eles abanam seus lenços, para a alegria dos que apenas observam.

Assim que o contingente principal de estudantes atravessa a Pont St. Michel para entrar no Quartier Latin, ele pára rapidamente para uma homenagem silenciosa aos feridos. Todos os pensamentos são por um instante voltados para aqueles que estão no hospital, com seus olhos sob perigo devido ao gás lacrimogêneo ou com seus crânios ou costelas fraturados pelos cassetetes da CRS. O repentino e nervoso silêncio da parte mais barulhenta da manifestação transmite uma profunda impressão de força e determinação. Sente-se que muitas contas estão para serem ajustadas.

No alto do Boulevard St. Michel eu saio da passeata e subo num parapeito que cerca o Jardim de Luxembourg. Permaneço lá

---

[19] "Todo Poder aos Trabalhadores", "O Poder está nas ruas", "Libertem nossos companheiros". (N.T.)

[20] "Pompidou, renuncie". (N.T.)

[21] "De Gaulle, assassino". (N.T.)

[22] "Dinheiro, não cassetetes", "Defesa do poder aquisitivo". (N.T.)

[23] "Não à Universidade de classe". (N.T.)

[24] "Universidade Democrática". (N.T.)

[25] "Dez anos, é o bastante", "Abaixo o Estado policial", "Feliz aniversário, meu General". (N.T.)

[26] "Adeus, De Gaulle". (N.T.)

por duas horas enquanto filas e filas de manifestantes passam, com trinta ou mais lado a lado, um mar de pessoas de um tamanho fantástico, inconcebível. Quantos eles são? Seiscentos mil? Oitocentos mil? Um milhão? Um milhão e quinhentos mil? Ninguém pode dizer ao certo. O primeiro manifestante chegou ao ponto final de dispersão horas antes dos últimos grupos terem deixado a Place de la Republique, às 7 horas da noite.

Haviam faixas e bandeiras de todo tipo: de sindicatos, de estudantes, políticas, não-políticas, reformistas, revolucionárias, do "Mouvement contre l'Armement Atomique"[27], de vários Conseils de Parents d'Élèves[28], de todos os tamanhos e formas imagináveis, manifestando uma aversão comum ao ocorrido e um desejo comum de lutar contra aquilo. Algumas faixas foram muito aplaudidas, como a que dizia "Liberons l'information"[29], carregada por um grupo de empregados da ORTF[30]. Algumas faixas utilizavam um vívido simbolismo, como o caso de uma repulsiva faixa que era carregada por um grupo de artistas. Nela foram pintadas mãos, cabeças e olhos humanos, cada um com a sua etiqueta de preço e exibidos nos ganchos e tabuleiros de um açougue.

Continuamente elas desfilavam próximas. Haviam blocos inteiros de funcionários de hospitais, com guarda-pós brancos, alguns carregando cartazes dizendo "Où sont les disparus des hopitaux?"[31] Todas as fábricas e maiores locais de trabalho pareciam estar representados. Haviam numerosos grupos de ferroviários, carteiros, gráficos, metroviários, metalúrgicos, aeroportuários, feirantes, eletricitários, advogados, trabalhadores da rede sanitária, bancários, trabalhadores da construção civil, trabalhadores da indústria química e de vidro, garçons, funcionários municipais, pintores, trabalhadores das empresas de combustíveis, balconistas, vendedores de seguro, garis, operadores de estúdio, motoristas de ônibus, professores, trabalhadores da nova indústria

---

[27] "Movimento Contra as Armas Nucleares". (N.T.)
[28] "Conselhos de Pais de Alunos". (N.T.)
[29] "Libertemos a informação". (N.T.)
[30] Office de la Radiodiffusion-Télévision Française, rede de rádio e TV estatal francesa. (N.T.)
[31] "Onde estão os desaparecidos dos hospitais?" (N.T.)

de plástico, filas e filas e filas deles, a carne e o sangue da sociedade capitalista moderna, uma massa sem fim, um poder que poderia varrer *tudo* que estivesse na sua frente, se ele, porém, decidisse fazê-lo.

Pensei naqueles que dizem que os trabalhadores somente estão interessados em futebol, no *tierce* (corrida de cavalos), em assistir televisão, e em seus *congés* (feriados) anuais, e que dizem que a classe trabalhadora não pode enxergar além dos problemas da sua vida cotidiana. Isso era uma inverdade muito clara. Também pensei naqueles que dizem que apenas uma restrita e podre direção separam as massas de uma total transformação da sociedade. Igualmente não é verdade. Hoje a classe trabalhadora está se tornando consciente da sua força. Será que ela decidirá usá-la amanhã?

Eu me junto novamente à passeata e então prosseguimos na direção da Denfert Rochereau. Passamos por várias estátuas de serenos cavalheiros, agora enfeitados com bandeiras vermelhas ou carregando slogans como "Liberez nos camarades"[32]. Assim que passamos por um hospital, o silêncio ganha a multidão infinita. Alguém começa a assobiar a *Internationale*. Outros aderem. Como uma brisa roçando um enorme campo de trigo, a melodia assobiada ondula em todas as direções. Das janelas do hospital algumas enfermeiras acenam pra gente.

Em vários cruzamentos passamos por semáforos, que por alguma estranha inércia ainda estão funcionando. Vermelho e verde se alternam, em intervalos fixos tão sem significado quanto a educação burguesa, quanto o trabalho na sociedade moderna, quanto as vidas daquelas pessoas que passam ao nosso lado. A realidade de hoje, por algumas horas, suprimiu todos os padrões e modelos de ontem.

A parte da passeata na qual eu me encontro está agora rapidamente se aproximando do local onde os organizadores decidiram que deveria ser o ponto de dispersão. A CGT está ávida que suas centenas de milhares de partidários dispersem pacificamente. Ela os teme quando eles estão juntos. Ela quer que eles voltem a ser átomos sem nome dispersos nos quatro cantos de Paris,

---

[32] "Libertem nossos camaradas". (N.T.)

impotentes no quadro de suas preocupações individuais. A CGT vê a si mesma como a única ligação possível entre eles, como o veículo divinamente determinado para expressar o desejo coletivo deles. O "Movimento 22 de Março"[33], por outro lado, emitiu uma chamada aos estudantes e trabalhadores, pedindo que se mantivessem juntos e prosseguissem para os gramados do Champs de Mars (no pé da Torre Eiffel) para uma grande discussão coletiva sobre as experiências daquele dia e sobre os problemas que os esperam adiante.

Nessa altura eu atesto pela primeira vez o que um *service d'ordre* organizado por stalinistas realmente significa. Durante todo o dia, os organizadores obviamente previam este momento particular. Eles estão muito tensos, visivelmente esperando "problemas". Acima de tudo, eles temem o que chamam *débordement*[34], isto é, serem flanqueados pela esquerda. Durante o último quilômetro da passeata, cinco ou seis filas compactas formadas pelos organizadores alinharam-se nos dois lados da passeata. Com os braços entrelaçados, eles formam uma maciça cerca em volta dos manifestantes. Os dirigentes da CGT falam aos manifestantes contidos por esta cerca através de dois potentes alto-falantes montados sobre dois carros, e os instruem a dispersarem calmamente através do Boulevard Arago, isto é, seguir na direção exatamente oposta à que leva ao Champs de Mars. As outras saídas da Place Denfert Rochereau estão bloqueadas por linhas de organizadores com os braços entrelaçados.

Ouvi dizer que em ocasiões como esta, o Partido Comunista convoca milhares de membros da região de Paris. E também convoca membros de lugares mais distantes, trazendo-os de ônibus de lugares como Rennes, Orleans, Sens, Lille e Limoges. As prefeituras sob posse do Partido Comunista fornecem ainda centenas desses "organizadores", os quais não são necessariamente membros do Partido, mas sim pessoas dependentes da boa vontade do Partido para manterem seus empregos e seu futuro. Desde seu auge na participação no governo (1945-47), o Partido tem tido

---

[33] Grupo formado por libertários e anarquistas na Universidade de Nanterre, cujos mais notórios membros foram Daniel Cohn-Bendit e Jean-Pierre Duteuile. (N.T.)

[34] No francês no original. *Transbordamento*. (N.T.)

este tipo de base de massa nos arredores de Paris. E eles invariavelmente a usaram em circunstâncias como a de hoje. Nesta manifestação deve haver pelo menos 10 mil organizadores desse tipo, e possivelmente o dobro.

Os pedidos dos organizadores não encontram somente um tipo de resposta. O sucesso de conseguirem que um grupo disperse pelo Boulevard Arago depende, é claro, da característica de cada grupo. A maioria dos grupos nos quais os estudantes não conseguiram se infiltrar obedece, embora mesmo nesses alguns dos militantes mais jovens protestem: "Nós somos um milhão nas ruas. Por que deveríamos ir para casa?" Outros grupos hesitam, vacilam, começam a discutir. Alguns estudantes sobem nos muros e gritam: "Todos que querem voltar a ver televisão, se direcionem ao Boulevard Arago. Aqueles que querem se juntar ao debate de trabalhadores e estudantes e querem fazer a luta crescer, se direcionem ao Boulevard Raspail e prossigam ao Champs de Mars".

Os que protestam contra as ordens de dispersão são imediatamente repreendidos e denunciados como "provocadores" pelos organizadores, que muitas vezes também empregam a força física contra estes. Eu vi vários companheiros do Movimento 22 de Março serem agredidos fisicamente, seus megafones portáteis serem arrancados de suas mãos e seus panfletos serem jogados no chão. Em algumas partes pareciam haver dezenas, em outras centenas, em outras milhares de "provocadores". Algumas pequenas brigas ocorrem na medida que estes contingentes não dão bola aos organizadores. Surgem discussões acaloradas, os manifestantes denunciando os stalinistas como "policiais" e como sendo "a última trincheira da burguesia".

O respeito pelos fatos me obriga a admitir que muitos grupos seguiram as ordens da burocracia sindical. As repetidas calúnias ditas pelos líderes da CGT e do Partido Comunista produziram seu efeito. Os estudantes eram chamados de "agitadores", "aventureiros", "elementos suspeitos". A ação proposta por eles "levaria apenas a uma intervenção violenta da CRS" (que se manteve totalmente fora de vista durante toda a tarde). "Isso era apenas uma manifestação, não um prelúdio à Revolução." Agindo cruelmente na parte mais ao fundo da multidão, e atacando fisicamente a parte mais à frente, os ajudantes de burocratas da CGT conseguem fazer com que a maior parte dos manifestantes dispersem, muitas vezes sob protesto. Milhares foram ao Champs de Mars. Mas centenas de milhares foram pra casa. Os stalinistas ganharam, mas as discussões iniciadas certamente irão repercutir nos meses seguintes.

Cerca de 8 horas da noite ocorreu um episódio que mudou o humor das últimas seções da passeata, que a essa altura se aproximavam do ponto de dispersão. Um carro da polícia subitamente subiu uma das ruas que levam à Place Denfert Rochereau. Ele deve ter se desviado do caminho planejado, ou talvez o motorista tenha achado que os manifestantes já tivessem dispersado. Vendo a multidão à frente, os dois policiais uniformizados sentados nos bancos da frente se apavoraram. Impossibilitado de dar ré de modo a sair, o motorista deve ter julgado que sua vida dependia de forçar a passagem pela parte mais estreita da multidão. O veículo acelerou, arremessando-se contra os manifestantes a aproximadamente 80 quilômetros por hora. As pessoas correram freneticamente em todas as direções. Várias pessoas foram atiradas ao chão, duas foram gravemente feridas e muitas mais escaparam por pouco. O carro foi finalmente cercado. Um dos policiais que estava na frente foi retirado do carro sendo várias vezes socado pela multidão enfurecida e determinada a linchá-lo. O policial foi finalmente salvo, na hora agá, pelos organizadores. Eles meio que o carregaram, semiconsciente, para uma rua lateral onde o atravessaram horizontalmente por uma janela, como se fosse uma linguiça.

Para salvá-lo, os organizadores tiveram que lutar contra várias centenas de furiosos manifestantes. A multidão começou então a balançar o carro de polícia que estava preso. O policial que permanecia no carro sacou seu revólver e atirou. As pessoas se abaixaram. Por milagre ninguém foi atingido. Cem metros adiante a bala fez um buraco, a cerca de um metro acima do nível do solo, em uma janela da "Le Belfort", um grande café no número 297 do Boulevard Raspail. Os organizadores correram novamente para o salvamento, formando uma barreira entre a multidão e o carro da polícia, o qual foi permitido escapar por uma rua lateral, dirigido pelo policial que atirou na multidão.

Centenas de manifestantes se aglomeraram em volta do buraco na janela do café. Fotógrafos da imprensa foram chamados, chegaram e tiraram suas fotos devidamente – nenhuma delas, é claro, foi publicada. (Dois dias depois, o *l'Humanité* trouxe algumas linhas sobre o episódio, no fim de uma coluna da página cinco.) Como conseqüência do episódio, vários milhares de manifestantes decidiram não dispersar. Eles viraram e marcharam até o Champs de Mars, gritando "Ils ont tire a Denfert"[35]. Se o incidente tivesse ocorrido uma hora antes, a noite de 13 de maio poderia ter tido uma cara muito diferente.

---

[35] "Eles atiraram na gente no Denfert". (N.T.)

O "SOVIET" DA SORBONNE

NO SÁBADO, 21 DE MAIO, POUCO ANTES DA MEIA-noite, o primeiro-ministro da França, Pompidou, passou por cima do ministro do Interior e do ministro da Educação e emitiu ordens ao "independente" Poder Judiciário. Ele declarou que a polícia seria retirada do Quartier Latin, que as faculdades reabririam na segunda-feira, dia 13 de maio, e que a lei "reconsideraria" o caso dos estudantes presos na semana anterior. Este foi o maior recuo político de sua carreira. Para os estudantes, e para muitos outros, era a prova viva da eficiência da ação direta. As concessões tinham sido conquistadas através da luta, e não teriam sido conseguidas por nenhum outro meio.

Segunda-feira de manhã cedo, os pelotões da CRS que guardavam a entrada da Sorbonne foram discretamente retirados. Os estudantes entraram, primeiro em pequenos grupos, depois em centenas, depois em milhares. Lá pelo meio-dia a ocupação foi concluída. Cada *tricolore*[36] foi prontamente trazida abaixo, todos os auditórios foram ocupados. Bandeiras vermelhas foram hasteadas nos mastros oficiais e em mastros improvisados em várias janelas, algumas tremulando sobre as ruas, outras tremu-

---
[36] Alusão à bandeira francesa, que possui três cores: branco, azul e vermelho. (N.T.)

lando sobre o grande pátio interno. Dezenas de metros acima do burburinho de estudantes, enormes bandeiras vermelhas e pretas se agitavam lado a lado na cúpula da capela.

O que aconteceu nos dias que se seguiram deixará uma marca permanente no sistema educacional francês, na estrutura da sociedade francesa e – mais importante de tudo – na cabeça das pessoas que viveram e fizeram história durante os agitados primeiros quinze dias. A Sorbonne foi repentinamente transformada de um antiquado recinto onde o capitalismo francês selecionava e moldava seus hierarcas, seus tecnocratas e sua burocracia administrativa, em um vulcão revolucionário em plena erupção, cuja lava se espalharia longe e amplamente, cauterizando a estrutura social da França moderna.

A ocupação física da Sorbonne foi seguida por uma explosão intelectual de violência sem precedentes. Tudo, literalmente tudo, foi repentinamente e simultaneamente posto em discussão, em questionamento, em objeção. Não haviam tabus. É fácil criticar a caótica irrupção de pensamentos, idéias e propostas desencadeadas sob tais circunstâncias. Pessoas eram criticadas e rotuladas de "revolucionários profissionais" ou pequeno-burgueses, de acordo com a preferência. Mas agindo dessa forma, esses críticos apenas revelavam o quanto ainda estavam aprisionados na ideologia de uma época anterior, assim como deixavam claro a sua incapacidade de transcendê-la. Eles não conseguiram reconhecer a tremenda importância do novo, de tudo que não pudesse ser apreendido dentro das suas próprias e preestabelecidas categorias intelectuais. Este tipo de fenômeno já foi testemunhado diversas vezes, já que sem dúvida ele aparece em todas as grandes insurreições da história.

De dia e de noite todos os auditórios ficavam lotados. Eram locais de contínuos e apaixonados debates sobre todos os temas que inquietassem o pensamento humano. Nenhum palestrante formal jamais havia conseguido um público tão grande, jamais havia sido ouvido com tão profunda atenção – ou se teria perdido tão pouco tempo com ele se falasse baboseira.

Uma certa ordem rapidamente apareceu. No segundo dia um mural foi posto próximo da entrada da frente, divulgando os temas de discussão e o local onde seriam discutidos. Eu anotei os seguintes temas: "Organização da luta", "Direitos políticos e sindicais na Universidade", "Crise da Universidade ou crise social?", "Dossiê da repressão policial", "Autogestão", "Não-seleção" (ou como abrir as portas da Universidade para todos), "Métodos de ensino", "Exames" etc. Outros auditórios foram reservados para os comitês de aliança estudantes-trabalhadores, que logo assumiriam grande importância. Em outros locais haviam ainda discussões sobre "repressão sexual", "questão colonial" e "ideologia e mistificação". Qualquer grupo de pessoas que desejasse discutir qualquer coisa que fosse, teria apenas de entrar em um dos auditórios ou numa sala. Felizmente haviam dezenas de auditórios.

A primeira impressão era de que se tratava de uma gigantesca panela de pressão – com pensamentos e aspirações retidos – que fora repentinamente aberta, fazendo com que explodisse e seu conteúdo fosse assim lançado do domínio dos sonhos para o domínio do real e do possível. Através da transformação do meio ambiente, as próprias pessoas se transformaram. Aqueles que nunca se atreveram a dizer nada, de repente sentiam como se seus pensamentos fossem os mais importantes do mundo – e então os expressavam. O tímido tornou-se comunicativo. O desamparado e isolado de repente descobriu que a força coletiva se encontra em suas mãos. O tradicionalmente apático de repente se engajou intensamente. Uma tremenda onda de comunidade e coesão apanhou aqueles que anteriormente se achavam impotentes e isolados como se fossem marionetes dominadas por instituições que eles não poderiam compreender nem controlar. As pessoas simplesmente apareceram e começaram a conversar umas com as outras sem o menor sinal de constrangimento. Este estado de euforia permaneceu durante a primeira quinzena em que eu estive lá. Uma frase rabiscada no muro resumia isso perfeitamente: "Déjà dix jours de bonheur"[37].

No jardim da Sorbonne, a política (vista com maus olhos durante toda uma geração) foi à desforra. Barracas com literatura brotaram ao longo de todo o perímetro interno, enormes retratos apareceram nos muros internos: Marx, Lenin, Trotsky, Mao, Castro, Guevara, uma ressurreição revolucionária quebrando as fron-

---

[37] "Já são dez dias de felicidade". (N.T.)

teiras do tempo e do espaço. Inclusive Stalin apareceu temporariamente (sobre uma barraca maoísta), até ter sido sugerido com discernimento aos companheiros que ele não se sentia realmente em casa com tal companhia.

Nas barracas todo tipo de literatura florescia repentinamente diante do sol de verão: panfletos e brochuras anarquistas, stalinistas, maoístas, trotskistas (de três tipos), do PSU e dos independentes. O jardim da Sorbonne tornou-se uma gigantesca feira, na qual os produtos mais exóticos não precisavam mais ficar embaixo do balcão, podendo agora serem expostos à vista. Edições antigas de revistas, amareladas pelos anos, foram desenterradas, e muitas vezes saíam tão bem quanto os materiais mais recentes. Em todos os lugares haviam grupos de dez ou vinte pessoas discutindo acaloradamente, conversando sobre barricadas, sobre a CRS, sobre suas experiências, mas também sobre a Comuna de 1871, sobre 1905 e 1917, sobre a esquerda italiana em 1921 e sobre a França em 1936. Uma fusão estava ocorrendo entre a consciência das minorias revolucionárias e a consciência da enorme quantidade de novos grupos de pessoas arrastados dia após dia pelo redemoinho da controvérsia política. Os estudantes estavam aprendendo em dias o que outros levaram uma vida inteira para aprender. Muitos estudantes secundaristas vieram observar o que estava acontecendo. Eles também foram sugados pelo turbilhão. Lembro-me de um garoto de catorze anos explicando para um incrédulo homem de sessenta anos o porquê dos estudantes deverem ter o direito de depor os professores.

Não foi só isso que aconteceu. Um grande piano apareceu de uma hora pra outra no grande jardim central e permaneceu lá por vários dias. As pessoas chegavam e o tocavam, cercadas por outras que as incentivavam com entusiasmo. Enquanto as pessoas falavam nos auditórios sobre o neocapitalismo e suas técnicas de manipulação, Chopin, compassos de jazz, trechos de *La Carmagnole* e composições atonais se espalhavam no ar. De noite houve um recital de percussão, e depois alguns clarinetistas apareceram. Essas "diversões" podem ter enfurecido alguns dos mais decididos revolucionários, mas elas eram uma parte tão significativa da completa transformação da Sorbonne quanto as doutrinas revolucionárias que eram apregoadas nos auditórios e salas.

Uma exposição de imensas fotografias da "noite das barricadas" (em lindos semitons) apareceu de manhã, montada em painéis. Ninguém sabia quem a havia montado. Todos concordavam que ela sucintamente resumia o horror e o glamour, a raiva e a esperança daquela fatídica noite. Até mesmo as portas da capela que davam para o jardim foram logo cobertas com frases: "Abram essa porta – Finis, les tabernacles", "A religião é a última mistificação". Ou mais radicalmente: "Queremos um lugar para mijar, não para rezar".

A maioria dos muros externos da Sorbonne também foram logo enchidos de cartazes – cartazes anunciando as primeiras greves de ocupação, cartazes descrevendo os índices salariais de setores inteiros de trabalhadores de Paris, cartazes anunciando as próximas manifestações, cartazes descrevendo as passeatas de solidariedade em Pequim, cartazes denunciando a repressão policial e o uso de gás CS (o tipo mais comum de gás lacrimogêneo) contra os manifestantes. Haviam dezenas de cartazes advertindo os estudantes contra as táticas oportunistas do Partido Comunista, contando como o Partido havia atacado o movimento e como ele procurava agora assumir a sua liderança. Haviam cartazes políticos aos montes. Mas também haviam outros, conclamando um novo *ethos*. Um grande cartaz, por exemplo, próximo da entrada principal, ousadamente afirmava "Defence d'interdire"[38]. Além de outros, similares nesse sentido: "Somente a verdade é revolucionária", "Nossa revolução é maior do que nós mesmos", "Recusamos o papel que nos foi designado, não seremos treinados como cães policiais". As preocupações das pessoas variavam mas convergiam. Os cartazes refletiam a filosofia profundamente libertária que prevalecia: "A humanidade só será livre quando o último capitalista for enforcado com as tripas do último burocrata", "A cultura está se desintegrando, Crie!", "Eu faço dos meus desejos a realidade por eu acreditar na realidade dos meus desejos", ou simplesmente, "Criatividade, espontaneidade, vida".

Lá fora, na rua, centenas de transeuntes paravam para ler esses papéis de parede improvisados. Alguns olhavam de boca aberta. Outros riam com escárnio. Outros concordavam balan-

---

[38] É proibido proibir. (N.T.)

çando a cabeça. Alguns discutiam. Alguns, criando coragem, entravam realmente no recinto antes sacrossanto da Sorbonne, sendo encorajados pelos inúmeros cartazes que afirmavam ele estar agora aberto a todos. Jovens trabalhadores que "não seriam vistos neste lugar" um mês atrás, agora entravam em grupos. No início não entravam muito à vontade, mas depois como se fossem donos do lugar, o que na verdade eram, é claro.

Conforme os dias passaram, outro tipo de invasão ocorreu: a invasão do céptico e do descrente, ou – mais benevolentemente – daqueles que "vieram apenas para ver". Essa invasão gradualmente ganhou força. Em certos momentos ela ameaçou paralisar o trabalho que estava sendo feito, parte do qual teve de ser transferido para a Faculdade de Letras, no Censier, também ocupada pelos estudantes. Contudo, fez-se necessário que as portas ficassem abertas 24 horas por dia. E essa mensagem com certeza se espalhou. Delegações de outras universidades foram as primeiras a vir, depois as de colégios, mais tarde as de fábricas e escritórios, com o intuito de verem, questionarem, discutirem, estudarem.

No entanto, o sinal mais revelador do novo e inebriante clima era visto nas paredes dos corredores da Sorbonne. Em torno dos auditórios principais há um labirinto de tais corredores: escuros, empoeirados, depressivos, e até então despercebidos corredores que levam de lugar nenhum a nenhum lugar. De repente estes corredores voltaram a ter vida através de uma chuva de brilhantes e sábios murais – muitos dos quais de inspiração situacionista. Centenas de pessoas paravam para ler pérolas como: "Não consuma Marx. Viva-o", "O futuro só conterá o que pusermos nele hoje", "Quando perguntados, responderemos com perguntas", "Professores, vocês fazem nos sentirmos velhos", "Não é possível integrar uma sociedade em desintegração", "Devemos continuar sendo os desadaptados", "Trabalhadores do mundo inteiro, divirtam-se", "Aqueles que fazem uma meia-revolução apenas cavam sua própria sepultura (Saint-Just[39])", "Por favor, deixe o PC (Partido Comunista) tão limpo ao sair quanto você gostaria de encon-

---

[39] Louis Antoine Saint-Just (1767-1794) foi um jacobino atuante e de grande influência na revolução francesa. Autor de *O Espírito da Revolução e da Constituição na França* (São Paulo: UNESP, 1998). (N.T.)

trar ao entrar", "As lágrimas da burguesia são o néctar dos deuses", "Longa vida à comunicação, abaixo a telecomunicação", "O masoquismo hoje se veste como reformismo", "Não reclamaremos nada. Não pediremos nada. Tomaremos. Ocuparemos", "A única profanação ao Túmulo do Soldado Desconhecido foi a profanação que o colocou lá", "Não, não seremos pegos pelo Grande Partido da Classe Trabalhadora". E uma grande frase, bem exposta: "Desde 1936 eu tenho lutado por aumentos salariais. Meu pai, antes de mim, também lutou por aumentos salariais. Agora eu tenho uma TV, uma geladeira, um Volkswagen. Porém, apesar de tudo, minha vida continua sendo uma vida de cachorro. Não discuta com os patrões. Elimine-os".

Dia após dia o pátio e os corredores permanecem abarrotados, num fluxo bidirecional para todas as partes imagináveis do enorme prédio. Pode parecer o caos, mas é o caos da colméia ou de um formigueiro. Uma nova estrutura está gradualmente sendo construída. Uma cantina foi transformada em um grande salão. As pessoas pagam o que podem pagar por um copo de suco de laranja, *menthe*, ou *grenadine* – e por pãezinhos de presunto ou salsicha. Eu averigüei se os custos eram cobertos e me disseram que a receita e os custos estavam sendo mais ou menos iguais. Em outra parte do prédio uma creche para crianças foi organizada, em outro lugar um posto de primeiros socorros, em outro um dormitório. Regularmente são organizados roteiros para varreduras. As salas são distribuídas para o Comitê de Ocupação, para o Comitê de Imprensa, para o Comitê de Propaganda, para os comitês de aliança estudantes/trabalhadores, para os comitês que tratam de estudantes estrangeiros, para os comitês de ação dos secundaristas, para o comitê que trata da distribuição do espaço físico, e para as inúmeras comissões que se encarregam de projetos tais como a produção de um dossiê sobre as atrocidades policiais, o estudo das implicações da autonomia, do sistema de avaliação etc. Qualquer um procurando com o que se ocupar pode prontamente encontrar algo para fazer.

A composição dos comitês era muito variável. Muitas vezes mudava de um dia para o outro, na medida que os comitês tornavam-se independentes. Para aqueles que pressionavam exigindo soluções instantâneas para os problemas, era respondido: "Paciência, companheiro. Nos dê uma chance de construir uma alternativa. A burguesia controlou esta universidade por quase dois séculos. Ela não resolveu nada. Nós estamos construindo da estaca zero. Precisamos de um mês ou dois..."

Defrontado com essa tremenda explosão, que não havia sido prevista e nem era capaz de ser controlada, o Partido Comunista tentou desesperadamente salvar o que podia de sua abalada reputação. Entre os dias 3 e 13 de maio, todas as edições de *l'Humanité* traziam parágrafos atacando os estudantes ou fazendo repugnantes insinuações sobre eles. Agora a linha repentinamente mudou.

O Partido enviou dezenas de seus melhores agitadores à Sorbonne para "esclarecer" o caso. O caso era simples. O Partido "apoiava os estudantes" – mesmo se houvessem alguns "elementos suspeitos" na liderança. Ele "sempre havia apoiado" e sempre apoiaria.

Cenas impressionantes se seguiram. Cada "agitador" stalinista foi imediatamente cercado por um grande grupo de jovens bem informados, que denunciavam o papel contra-revolucionário do Partido. Um mural foi elaborado pelos companheiros do *Voix Ouvrière* no qual foi colocado, dia após dia, cada afirmação que havia aparecido no *l'Humanité* ou em algum panfleto do Partido, atacando os estudantes. Os "agitadores" nem conseguiam falar direito. Eles foram massacrados (não-violentamente). "A prova está lá, companheiro. Os companheiros do Partido gostariam de se aproximar e ler exatamente o que o Partido disse menos de uma semana atrás? Talvez o *l'Humanité* queira conceder aos estudantes um espaço para responder algumas acusações feitas contra eles?" Outros estudantes começaram a lembrar o papel do Partido durante a guerra da Argélia, durante a greve dos mineiros de 1958, durante os anos de "tripartismo" (1945-1947). Apesar de tentarem se esquivar, os "agitadores" não puderam escapar dessa "lição imediata". Era interessante notar que o Partido não pôde confiar esta operação de "salvamento" aos seus membros mais jovens, estudantes. Somente os "companheiros antigos" poderiam se aventurar nesse ninho de cobra. Tanto assim que as pessoas iriam dizer que qualquer um na Sorbonne acima dos quarenta anos era um informante da polícia, ou um capataz stalinista.

Os períodos mais dramáticos da ocupação foram sem dúvida as *Assembles Générales*[40], ou sessões plenárias, realizadas todas as noites no maior anfiteatro. Este era o soviete, o local de origem supremo de todas as decisões, a fonte e a origem da democracia direta. No anfiteatro cabiam 5 mil pessoas sentadas em seu enorme semicírculo e em três séries de galerias sobre ele. Visto que freqüentemente nem todos os assentos eram ocupados, a multidão podia circular entre eles e ir até o palco. Uma bandeira preta e uma vermelha pairavam sobre uma singela mesa de madeira na qual ficava sentado quem presidia a sessão. Tendo visto reuniões de cinqüenta pessoas virarem um caos, foi uma experiência surpreendente ver uma reunião com 5 mil pessoas conseguir tratar de assuntos práticos. Os acontecimentos reais determinavam os temas e asseguravam que a maioria das discussões tivessem os pés no chão.

Uma vez que os tópicos eram decididos, todos tinham direito de falar. A maioria das falas eram feitas do palco, mas algumas eram feitas do meio do público ou das galerias. O equipamento de som normalmente funcionava, mas às vezes não. Alguns oradores prendiam imediatamente a atenção sem precisarem falar alto. Outros provocavam uma reação hostil por causa de sua voz estridente, de sua falta de sinceridade, ou de sua mais ou menos óbvia tentativa de manipular a Assembléia. Qualquer um que enchesse lingüiça, ficasse falando do passado, viesse recitar uma obra, ou falasse com palavras de ordem, logo era posto para correr pelo público, que era, politicamente, o mais sofisticado que eu já havia visto. Todos que apresentavam idéias práticas eram ouvidos atenciosamente. E da mesma forma aqueles que procuravam interpretar o movimento através de suas experiências pessoais, ou que procuravam mostrar o caminho a seguir.

À maioria dos oradores foram concedidos três minutos. Alguns foram deixados falar durante muito mais tempo devido à aclamação popular. A própria multidão exercia um controle tremendo sobre a plataforma política e os oradores. Uma relação de mão dupla emergiu muito rapidamente. A maturidade política da Assembléia foi mostrada de forma ainda mais impressionante:

---

[40] Em francês no original. *Assembléias Gerais*. (N.T.)

ela rapidamente percebeu que vaias e aplausos durante as falas atrapalhavam o rápido andamento das decisões da Assembléia. Boas falas era muito aplaudidas – no final. Discursos demagógicos ou desnecessários eram imediatamente postos de lado. As conscientes minorias revolucionárias desempenharam um importante papel catalítico nessas deliberações, mas nunca procuravam – pelo menos as mais inteligentes – impor suas vontades à massa. Embora nos seus primeiros estágios a Assembléia tivesse uma boa quantidade de exibicionistas, provocadores e loucos, o preço da democracia direta não era tão pesado quanto se poderia esperar.

Ocorreram momentos de empolgação e momentos de esvaziamento. Na noite de 13 de maio, após uma grande passeata pelas ruas de Paris, Daniel Cohn-Bendit se defrontou com J.M. Catala, secretário-geral da União dos Estudantes Comunistas, na frente do auditório lotado. A cena permanece gravada na minha mente.

"Explique-nos", disse Cohn-Bendit, "por que o Partido Comunista e a CGT instruíram seus militantes para que dispersassem na Denfert Rochereau? Por que os impediram de se juntarem a nós no debate no Champs de Mars?"

"É muito simples", disse Catala desdenhosamente. "O que havia sido acordado entre a CGT, a CFDT, a UNEF e as outras instituições que organizavam a manifestação estipulava que a dispersão seria feita em determinado lugar. O Comitê Organizador não havia sancionado nenhuma atividade posterior..."

"Uma resposta reveladora", replicou Cohn-Bendit. "As organizações não tinham previsto que seríamos 1 milhão nas ruas. Mas a vida é maior que as organizações. Com 1 milhão de pessoas quase tudo é possível. Você diz que o Comitê não havia sancionado nada a mais. No dia da Revolução, companheiro, você sem dúvida nos dirá para não nos misturarmos a ela 'já que ela não foi sancionada pelo comitê organizador apropriado...'"

Esta réplica trouxe a casa abaixo. Os únicos que não se levantaram para ovacionar foram as poucas dezenas de stalinistas, e também, de forma reveladora, aqueles trotskistas que tacitamente aceitavam as concepções stalinistas – e cuja única querela com o Partido Comunista vem do fato de terem sido excluídos da "organização".

Naquela mesma noite a Assembléia tomou três importantes decisões. De agora em diante, a Sorbonne se constituirá numa espécie de quartel-general revolucionário ("Smolny"[41], alguém gritou). Aqueles que participaram na Sorbonne não devotaram seus esforços para uma mera reorganização do sistema educacional, mas a uma total subversão da sociedade burguesa. De agora em diante, a universidade estaria aberta a todos aqueles que concordavam com esses objetivos. Quando essas propostas foram aceitas, o público se pôs de pé e cantou a mais alta e apaixonada *Internationale* que eu ouvi até hoje. Ela deve ter sido ouvida até o Élysée Palace, no outro lado do rio Sena...

---

[41] Prédio onde se instalava o Comitê Central do partido bolchevique em 1917. (N.T.)

OS REVOLUCIONÁRIOS DO CENSIER

AO MESMO TEMPO QUE OS ESTUDANTES ocupavam a Sorbonne, eles também tomavam o "Centre Censier" (a nova Faculdade de Letras da Universidade de Paris).

Censier é uma construção enorme e ultramoderna feita de aço, concreto e vidro, situada na região sudeste do Quartier Latin. A ocupação do Censier atraiu menos atenção do que a da Sorbonne. Entretanto, ela provou ter sido tão significativa quanto aquela. Enquanto a Sorbonne era a vitrine da Paris revolucionária – com tudo que isso implica em termos de glamour – Censier era seu dínamo, o lugar onde as coisas eram realmente feitas.

Para muitos, os dias de maio de Paris devem ter sido um acontecimento essencialmente noturno: batalhas noturnas com a CRS, barricadas noturnas, debates noturnos nos grandes anfiteatros. Mas este era apenas um lado da moeda. Enquanto alguns discutiam até tarde da noite na Sorbonne, outros iam cedo pra cama, para poderem distribuir panfletos pela manhã nos portões de fábrica e na periferia. Panfletos esses que tinham que ser planejados, datilografados, reproduzidos, e cuja distribuição tinha que ser cuidadosamente organizada. Esse trabalho paciente e metódico era feito no Censier, e não foi pequena a sua contribuição para dar uma forma articulada à nova consciência revolucionária.

Logo após o Censier ser ocupado, um grupo de ativistas controlou uma grande parte do terceiro piso. Esse espaço seria a sede dos então propostos "comitês de ação trabalhador-estudante". A idéia geral era estabelecer laços com grupos de trabalhadores, por menores que fossem, que compartilhassem a visão revolucionária-libertária desse grupo de estudantes. Após estabelecido contato, trabalhadores e estudantes cooperaram na formulação conjunta dos panfletos. Os panfletos discutiam os problemas imediatos de grupos específicos de trabalhadores à luz do que os estudantes mostraram ser possível. Produzido um panfleto, ele seria então distribuído conjuntamente pelos trabalhadores e estudantes do lado de fora da fábrica ou do escritório aos quais ele se referia. Em algumas ocasiões os estudantes tiveram que fazer a distribuição sozinhos, em outras não foi preciso sequer um único estudante.

O que uniu os companheiros do Censier foi a nítida percepção das potencialidades revolucionárias da situação e o entendimento de que não tinham tempo a perder. Todos sentiram a necessidade imperiosa de que fosse feita propaganda da ação direta, e que a urgência da situação exigia que eles transcendessem as diferenças de doutrina que pudessem existir entre eles. Eles eram todos pessoas intensamente engajadas politicamente. Na maior parte, suas idéias políticas eram as mesmas que caracterizavam o novo agente político que tem crescido em importância histórica: os ex-membros de organizações revolucionárias.

Quais eram suas idéias? Basicamente, elas se concentraram em algumas poucas proposições. O que era preciso, nesse exato momento, era um rápido e autônomo desenvolvimento da luta da classe trabalhadora, a organização de comitês de greve eleitos que fizessem a ligação entre os sindicalizados e não-sindicalizados em todas as empresas e indústrias em greve, reuniões regulares dos grevistas de modo que as decisões fundamentais permanecessem nas mãos do trabalhador comum, comitês de defesa dos trabalhadores para defender os piquetes das intimidações da polícia, um diálogo constante com os estudantes revolucionários com o objetivo de restituir à classe trabalhadora sua própria tradição de democracia direta e sua própria aspiração à autogestão, que foi usurpada pelos burocratas dos sindicatos e partidos políticos.

Durante uma semana inteira, várias facções trotskistas e maoístas nem sequer perceberam o que ocorria no Censier. Eles passavam o tempo todo em debates públicos na Sorbonne, muitas vezes ácidos, sobre quem deles seria uma melhor liderança. Enquanto isso, os companheiros no Censier estavam levando firmemente o trabalho adiante. A maioria deles havia saído de organizações stalinistas ou trotskistas após terem rompido com as mesmas. Eles haviam se livrado da concepção que via no recrutamento de membros para o próprio grupo a coisa mais importante em uma "intervenção". Todos reconheciam a necessidade de um movimento revolucionário de ampla base e razoavelmente estruturado, mas nenhum deles via a construção de tal movimento como a tarefa mais importante e imediata, na qual a propaganda deveria se concentrar imediatamente.

Fotocopiadores que faziam parte dos "elementos subversivos" foram trazidos. E fotocopiadores da universidade ficaram sob o comando dos estudantes. Estoques de papel e tinta foram obtidos de várias fontes e por vários meios. Os panfletos começaram a sair, primeiramente às centenas, depois aos milhares, depois às dezenas de milhares, na medida que os laços foram sendo estabelecidos com os grupos de trabalhadores de base. Somente no primeiro dia foram feitos contatos na Renault, na Citroën, na Air France, na Boussac, na Nouvelles Messageries de Presse, na Rhone-Poulenc e na RATP (metrô). A partir daí o movimento se tornou uma bola de neve.

Toda noite no Censier os comitês de ação davam os informes a uma *Assemblée Générale*, criada exclusivamente para esta tarefa. As reações às distribuições eram avaliadas, e os conteúdos dos próximos panfletos, discutidos. Essas discussões normalmente se iniciavam com uma descrição, feita por um trabalhador do qual se estava em contato, sobre o impacto dos panfletos em seus colegas de trabalho. A discussão mais acalorada foi sobre se deveriam fazer ataques diretos aos líderes da CGT, ou se simples insinuações sobre o que era preciso para se ganhar seria o suficiente para expor tudo o que os líderes sindicais haviam (ou não haviam) feito, e tudo o que eles representavam. O segundo ponto de vista prevaleceu.

Os panfletos eram normalmente bem curtos, nunca com mais de duzentas ou trezentas palavras. Quase todos começavam listando as reivindicações dos trabalhadores – ou apenas descrevendo as condições de trabalho. Eles terminavam com um convite aos trabalhadores para que viessem ao Censier ou à Sorbonne. "Esses espaços agora são seus. Vá até lá para discutir com os outros os seus problemas. Se dêem as mãos e contem seus problemas àqueles a sua volta." Entre a introdução e o convite, a maioria dos panfletos explicavam uma ou duas idéias políticas chave.

A resposta era instantânea. Cada vez mais trabalhadores se juntavam aos estudantes para formularem os panfletos. Em pouco tempo não havia mais auditório grande o suficiente para a diária *Assemblée Générale*. Os estudantes aprenderam muito com a autodisciplina dos trabalhadores e com o modo ordenado que eles apresentavam seus informes. Eram muito diferentes das brigas que se davam entre as facções políticas estudantis. Havia um consenso de que estas foram as melhores palestras feitas no Censier!

Entre os trechos mais significativos desses panfletos, eu anotei:

Panfleto da Air France
"Recusamos aceitar uma 'modernização' degradante que significa sermos constantemente vigiados e sermos submetidos a condições que são nocivas à nossa saúde, ao nosso sistema nervoso, e que são um insulto à nossa condição de seres humanos... Recusamos a continuar confiando nossas reivindicações a dirigentes sindicais profissionais. Como os estudantes, devemos tomar em nossas mãos o controle de nossas atividades."

Panfleto da Renault
"Se quisermos nosso aumento salarial e condições de trabalho seguras, se não quisermos que elas sejam constantemente ameaçadas, devemos lutar agora por uma mudança fundamental na sociedade... Sendo trabalhadores, deveríamos procurar controlar o funcionamento de nossa empresa. Nossos objetivos são similares aos dos estudantes. A gestão da indústria e a gestão da universidade deveria ser realizada democraticamente por aqueles que lá trabalham..."

Panfleto da Rhone-Poulenc
"Até agora tentamos resolver nossos problemas através de petições, de lutas parciais e da eleição de melhores líderes. Isso não nos levou a lugar algum. A ação dos estudantes nos mostrou que somente a ação dos que estão subordinados pode fazer as autoridades recuarem... os estudantes estão se opondo totalmente às finalidades da educação burguesa. Eles querem que eles mesmos tomem as principais decisões. Nós

também deveríamos. Deveríamos decidir a finalidade da produção, e sobre quem recairiam os custos da produção."

Panfleto do Distrito (distribuído nas ruas de Boulogne Billancourt)
"O governo teme a ampliação do movimento. Ele teme a unidade que se desenvolve entre estudantes e trabalhadores. Pompidou anunciou que 'o governo defenderá a República'. O exército e a polícia estão sendo preparados. De Gaulle falará no dia 24. Será que ele enviará a CRS para retirar os piquetes das empresas em greve? Esteja preparado. Em oficinas e faculdades, pense sobre a autodefesa..."

A cada dia, dezenas desses panfletos eram discutidos, datilografados, copiados, distribuídos. Todas as noites ouvíamos coisas do tipo como seguem, sobre a repercussão dos panfletos: "Eles o acharam extraordinário. É exatamente o que eles pensam. O pessoal dos sindicatos nunca disse algo do gênero como está escrito nos panfletos". "Eles gostaram do panfleto. Eles estão cépticos quanto aos 12%. Dizem que os preços subirão e que perderemos tudo em alguns meses. Alguns dizem que devemos todos pressionar agora e ver no que dá." "O panfleto certamente os fizeram falar. Eles nunca tiveram tanto a dizer. Os funcionários tinham até que esperar sua vez de falar..."

Eu lembro nitidamente de um jovem trabalhador gráfico que disse uma noite que esses encontros eram o acontecimento mais excitante ocorrido na vida dele. Durante toda a sua vida ele havia sonhado em encontrar pessoas que tivessem e expressassem essas idéias. Mas todas as vezes que encontrava alguém assim, ele percebia que essa pessoa só estava interessada no que poderia conseguir dele. Esta era a primeira vez que haviam oferecido a ele uma ajuda desinteressada.

Eu não sei o que aconteceu no Censier desde o final de maio. Quando eu saí de lá, vários trotskistas estavam começando a entrar, "para politizar os panfletos" (eu presumo que eles queriam dizer que os panfletos deveriam falar agora sobre "a necessidade de se construir um Partido revolucionário"). Se eles tiverem sucesso – o que eu duvido, conhecendo a capacidade dos companheiros do Censier – será uma tragédia.

De fato, os panfletos eram políticos. Durante todo o tempo da minha curta passagem pela França eu não vi nada mais profunda e relevantemente político (no melhor sentido do termo) do que a campanha levada adiante a partir do Censier, uma campanha pelo constante controle da luta de baixo para cima, pela autodefesa, pela gestão operária da produção, pela popularização da concepção de conselhos operários, e que explicava a todos a enorme importância, em uma situação revolucionária, das exigências revolucionárias, da atividade auto-organizada, da autoconfiança coletiva.

Quando saí do Censier eu não pude deixar de pensar no modo como aquele lugar representava perfeitamente a crise do capitalismo burocrático moderno. O Censier não é um cortiço educacional. É uma construção ultramoderna, uma das obras exemplares do *grandeur*[42] gaullista. Ele possui circuito fechado de TV nos auditórios, modernas redes de encanamentos, e máquinas automáticas que vendem 24 tipos diferentes de comidas – em recipientes esterelizados – e 10 tipos diferentes de bebidas. Mais de 90% dos estudantes do Censier vêm de famílias pequeno-burguesas ou burguesas. No entanto, a rejeição deles pela sociedade que os criou é tão grande que eles chegam a pôr 24 horas por dia as fotocopiadoras em funcionamento, produzindo um fluxo de literatura revolucionária de uma forma que nenhuma cidade moderna tinha sido acometida anteriormente. Esse tipo de atividade transformou esses estudantes e contribuiu para transformar o ambiente em volta deles. Eles estavam simultaneamente abalando a estrutura social e tendo o grande momento das suas vidas. Nas palavras do slogan rabiscado no muro: "On n'est pas la pour s'emmerder"[43]

---

[42] Em francês no original. *Grandeza, autoridade, poder*. (N.T.)
[43] "Não se está lá para cagar". (N.T.)

UNINDO FORÇAS

QUANDO A NOTÍCIA DA PRIMEIRA OCUPAÇÃO DE fábrica (a das instalações da Sud Aviation em Nantes) chegou à Sorbonne – tarde da noite de terça-feira, dia 14 de maio – viam-se cenas de indescritível entusiasmo. As sessões foram interrompidas para se dar a notícia. Todos pareciam sentir a importância do que havia acabado de acontecer. Após um minuto de delírio e de contínuas vibrações, o público começou a bater palmas de uma forma rítmica e sincrônica, aparentemente guardada para grandes ocasiões.

Na quinta-feira, 16 de maio, as fábricas da Renault em Cléon (perto de Rouen) e em Flins (noroeste de Paris) foram ocupadas. Grupos entusiasmados no jardim da Sorbonne ficavam grudados nos seus rádios, já que a toda hora eram transmitidas notícias de novas ocupações. Enormes cartazes foram afixados, fora e dentro da Sorbonne, com as informações mais atualizadas sobre quais fábricas haviam sido ocupadas: a Nouvelles Messageries de Presse em Paris, Klemer Colombes em Caudebec, Dresser-Dujardin em La Havre, o estaleiro naval em Le Trait... e finalmente a Renault em Boulogne Billancourt. Em 48 horas a tarefa tinha sido abandonada. Nenhum quadro de avisos – ou um painel para avisos – era grande o suficiente. Enfim os estudantes sentiram que os trabalhadores tinham realmente se juntado à batalha.

No início da tarde de sexta-feira uma assembléia geral de emergência foi realizada. A assembléia decidiu enviar uma grande delegação estudantil às instalações ocupadas da Renault. O objetivo era estabelecer contato, expressar a solidariedade dos estudantes, e se possível discutir problemas comuns. A passeata estava marcada para sair às 6 horas da tarde da Place de la Sorbonne.

Pelas 5 horas da tarde milhares de panfletos foram rapidamente distribuídos nos anfiteatros, no jardim da Sorbonne e nas ruas em volta. Eram panfletos assinados pela divisão da Renault da CGT. O Partido Comunista andou trabalhando... e rápido. Os panfletos diziam:

> "Nós acabamos de ouvir que os estudantes e professores estão propondo levantar-se nesta tarde em direção à Renault. Essa decisão foi tomada sem consultar as seções sindicais apropriadas da CGT, da CFDT e da FO.
> "Apreciamos muito a solidariedade dos estudantes e professores na luta comum contra o *pouvoir personnel*[44] (isto é, De Gaulle) e os patrões, mas nos opomos a qualquer iniciativa precipitada que possa ameaçar nosso movimento que se desenvolve, e facilitar uma provocação que levaria o governo a desviar nossa atenção dos pontos importantes.
> "Nós recomendamos firmemente que os organizadores dessa manifestação não prossigam com seus planos.
> "Pretendemos, junto com os trabalhadores que estão lutando agora por suas reivindicações, conduzir nossa própria greve. Recusamos qualquer intervenção externa, em conformidade com a declaração assinada conjuntamente pela CGT, CFDT e FO, e aprovada esta manhã pelos 23 mil trabalhadores pertencentes à fábrica".

A distorção e a desonestidade deste panfleto são indescritíveis. Ninguém pretendia instruir os trabalhadores sobre como fazer a greve e nenhum estudante teria a presunção de tentar liderá-la. Tudo que os estudantes queriam era expressar sua solidariedade aos trabalhadores que estavam em uma luta comum contra o Estado e os patrões.

O panfleto da CGT caiu como um banho de água fria para os estudantes menos politizados e para aqueles que ainda tinham

---
[44] Em francês no original. *Poder pessoal.* (N.T.)

ilusões sobre o stalinismo. "Eles não nos deixarão passar", "Os trabalhadores não querem falar com a gente", diziam eles. A identificação que se faz normalmente dos trabalhadores com a organização que os "representa" é muito difícil de ser quebrada. Várias centenas de pessoas que pretendiam marchar até Billancourt provavelmente desistiram. A UNEF hesitou, relutante em conduzir uma passeata não desejada pela CGT.

Finalmente, cerca de 1.500 pessoas saíram, atrás de uma simples faixa apressadamente preparada por alguns estudantes maoístas. A faixa dizia: "As mãos fortes da classe trabalhadora devem agora pegar a tocha das frágeis mãos dos estudantes". Muitos não-maoístas aderiram à passeata, sem concordarem necessariamente com esta particular formulação de seus objetivos.

Embora pequena se comparada com outras passeatas, essa foi certamente a mais politizada. Praticamente todo mundo nela pertencia a algum "grupúsculo": uma espontânea frente única de maoístas, trotskistas, anarquistas, os companheiros do Movimento 22 de Março e vários outros. Todos sabiam exatamente o que estavam fazendo ali. E foi isso que enfureceu o Partido Comunista.

A passeata sai fazendo muito barulho, atravessa o Boulevard St. Michel, e passa em frente do Teatro do Odéon ocupado (onde várias centenas de pessoas alegremente se juntaram a ela). Ela então prossegue a um passo muito rápido pela rua De Vaugiard, a rua mais longa de Paris, na direção dos distritos operários do sudoeste da cidade, crescendo sempre em tamanho e militância na medida que avança. Era importante chegar à fábrica antes que os stalinistas tivessem tempo de mobilizar seus grandes batalhões...

Slogans como "Avec nous, chez Renault", "Le pouvoir est dans la rue", "Le pouvoir aux ouvrièrs"[45] são gritados com vigor, repetidas vezes. Os maoístas gritam "A bas le gouvernement gaulliste anti-populaire de chômage et de misère"[46] – um slogan grande e questionável politicamente, mas eminentemente apropriado para se gritar em coletivo. A *Internationale* era cantada repetidas ve-

---

[45] "Venha conosco até a Renault", "O poder está nas ruas", "O poder aos trabalhadores". (N.T.)

[46] "Abaixo o governo gaullista antipopular de desemprego e miséria". (N.T.)

zes, e dessa vez por pessoas que pareciam conhecer a letra – até mesmo o segundo verso!

Quando acabamos de marchar os 7 quilômetros até Issy-les-Moulineaux já estava escuro. No caminho atrás de nós estavam agora as brilhantes luzes do Quartier Latin e da elegante Paris conhecida dos turistas. Passamos através de ruas pequenas e mal iluminadas, com lixos não recolhidos empilhados em diversos lugares. Dezenas de jovens se juntaram a nós no caminho, atraídos pelo barulho e pelas canções revolucionárias, como a "La Jeune Garde", "Zimmerwald" e as canções parisienses. "Chez Renault, chez Renault"[47] gritavam os manifestantes. Pessoas se reuniam nas portas dos bares, ou apareciam nas janelas de apartamentos cheios de gente para nos ver passar.

Alguns observam surpresos, mas muitos – possivelmente a maioria – aplaudem ou acenam, incentivando. Em algumas ruas muitos argelinos trabalham no calçamento das mesmas. Alguns gritam junto "CRS-SS", "Charonne"[48], "A bas l'État police". A memória deles é boa. A maioria observa timidamente ou sorri meio constrangido. Poucos se juntam à passeata.

Andamos alguns quilômetros mais. Não há um policial à vista. Atravessamos o Sena e finalmente diminuímos o ritmo na medida que nos aproximávamos da praça que nos separa das instalações da Renault. As ruas aqui são muito mal iluminadas. Sente-se um intenso entusiasmo no ar.

Subitamente encontramos uma caminhonete, equipada com alto-falantes, atravessada e ocupando a maior parte da rua. A passeata pára. Um dirigente da CGT está na caminhonete. Ele fala durante cinco minutos. Em um tom um tanto frio ele diz como está contente em nos ver. "Obrigado por virem, companheiros. Apreciamos sua solidariedade. Mas por favor, sem provocações. Não se dirijam até os portões, a direção usaria isso como uma desculpa para chamar a polícia. E retornem a suas casas logo. Está frio e vocês precisarão de toda sua força nos dias que virão."

---

[47] "À Renault, à Renault". (N.T.)

[48] Estação de metrô parisiense onde em fevereiro de 1962 uma manifestação contra a guerra da Argélia foi fortemente reprimida pela polícia, matando oito manifestantes e ferindo outros cem. (N.T.)

Os estudantes trouxeram seus próprios megafones. Um ou dois falam brevemente. Tomam nota dos comentários do companheiro da CGT. Eles não têm a intenção de provocar ninguém, nenhum desejo de usurpar a função de quem quer que seja. Nos dirigimos devagar, porém intencionalmente, na direção da praça. Passamos pelos dois lados da caminhonete, abafando as reclamações de cerca de cem stalinistas cantando com força a *Internationale*. Trabalhadores em bares próximos se juntaram a nós. Dessa vez o Partido não teve tempo de mobilizar seus militantes. Ele não pode nos isolar fisicamente.

Parte da fábrica começa a aparecer diante da nossa frente, três andares de altura na nossa esquerda, dois andares de altura na nossa direita. Em frente, há um gigantesco portão de metal, fechado com trancas. Os trabalhadores lotam uma grande janela do primeiro piso. A fileira da frente de trabalhadores está sentada no parapeito, com suas pernas pra fora da janela. Muitos parecem adolescentes, um deles agita uma grande bandeira vermelha. Não há bandeiras tricolores à vista – nenhuma "ideologia dual" como eu havia visto em outros lugares ocupados. Outras dezenas de trabalhadores estão nos telhados dos dois prédios.

Nós acenamos. Eles acenam de volta. Nós cantamos a *Internationale*. Eles cantam junto. Nós fazemos a saudação com os punhos fechados. Eles fazem o mesmo. Todos aplaudem e fazem festa. O contato está sendo feito.

Uma troca interessante ocorre. Um grupo de manifestantes começa a gritar "Les usines aux ouvrièrs"[49]. O lema se espalha rapidamente na multidão. Os maoístas, que agora constituem uma minoria definida, estão um tanto aborrecidos. (De acordo com o líder Mao, o controle dos trabalhadores é um desvio pequeno-burguês, anarco-sindicalista.) "Les usine aux ouvrièrs"... o lema ecoa dez, vinte vezes em volta da Place Nationale, gritado por uma multidão já de cerca de 3 mil pessoas.

Na medida que os gritos baixam, uma voz solitária vinda de um dos telhados da Renault grita de volta: "La Sorbonne aux étudiants"[50]. Outros trabalhadores no mesmo telhado o seguem, e

---

[49] As fábricas aos trabalhadores. (N.T.)
[50] "A Sorbonne aos estudantes". (N.T.)

logo após os que estavam no outro telhado fazem o mesmo. Pelo volume de suas vozes, parece haver pelo menos uns cem deles em cima de cada prédio. Começa então um momento de silêncio. Todos pensam que a troca chegou ao fim. Mas um dos manifestantes começa a gritar: "La Sorbonne aux ouvièrs"[51]. Em meio a um riso geral, todos se unem à palavra de ordem.

Começamos a conversar. Uma corda com um balde na sua ponta é rapidamente jogada pela janela. Garrafas de cerveja e maços de cigarro são enviados para cima, assim como panfletos revolucionários. Também montes de jornais (principalmente exemplares do *Servir Le Peuple* – uma revista maoísta que traz um grande "Vive la CGT" na capa). Na altura da rua existem aberturas na fachada de metal do prédio. Grupos de estudantes se aglomeram nessas meia dúzia de aberturas e conversam com grupos de trabalhadores do outro lado. Eles discutem sobre salários, condições trabalhistas, a CRS, o que os camaradas lá dentro necessitam mais e como os estudantes podem ajudar. Conversam livremente, não são membros do Partido. Eles acham que o que se fala constantemente sobre provocadores é pouco provável que aconteça, mas que as máquinas devem ser cuidadas. Nós apontamos que dois ou três estudantes dentro da fábrica, acompanhados pelo comitê de greve, provavelmente não poderiam danificar as máquinas. Eles concordam. Expomos o contraste das portas totalmente abertas da Sorbonne com os cadeados e trancas dos portões da Renault – fechados pelo pessoal da CGT de modo a evitar a contaminação ideológica de "seus militantes". Como é idiota ter que falar através dessas estúpidas pequenas fendas no muro, dizemos. Novamente eles concordam. Eles colocaram isso para seus dirigentes. Nenhum deles parece, no momento, pensar algo que vá além disso.

Acontece então uma mudança de rumo. A 90 metros de distância, um membro da FER sobe em um carro estacionado e começa a fazer um discurso com um megafone. A intervenção está completamente fora de sintonia com o diálogo que apenas se iniciava. É o mesmo disco quebrado que ouvimos durante toda a semana na Sorbonne. "Exijam que os dirigentes sindicais organi-

---

[51] "A Sorbonne aos trabalhadores". (N.T.)

zem a eleição dos comitês de greve em todas as fábricas. Forcem os dirigentes sindicais a organizarem um comitê de greve nacional. Forcem que eles convoquem uma greve geral em todo país" (isto no momento em que milhões de trabalhadores já estão em greve sem nenhuma convocação!). O tom é estridente, quase histérico, vindo de um mal entendimento do astral magnífico que havia. Os estudantes abafaram o orador com uma *Internationale* em alto volume. Assim que o último compasso acaba, o trotskista tenta novamente. E novamente os manifestantes o abafam.

Grupos caminham pela avenida Yves Kermen até as outras entradas da fábrica. Um contato real é mais difícil de ser estabelecido aqui. Há uma multidão fora do portão, mas na maioria são membros do Partido. Alguns não falarão de qualquer jeito. Outros só falam palavras de ordem.

Andamos de volta à praça. Já passa da meia-noite. A manifestação diminui de volume. Pessoas saem para alguns bares que ainda estão abertos. Nesse momento encontramos um grupo de jovens trabalhadores, que deviam ter uns dezoito anos de idade. Eles estiveram na fábrica naquele dia, porém num horário mais cedo.

Eles nos dizem que em qualquer horário do dia, mais de mil trabalhadores mantêm a ocupação. A greve começou na quinta-feira, por volta das 2 horas da tarde, quando os rapazes da seção 70 decidiram fazer greve e se espalharam pela fábrica pedindo que seus colegas fizessem o mesmo. Naquela mesma manhã eles tinham ouvido falar da ocupação de Cléon e que a bandeira vermelha tremulava sobre a fábrica de Flins. Havia se discutido muito sobre o que deveria ser feito. Em uma reunião ao meio-dia a CGT havia falado vagamente sobre uma sucessão de greves alternadas, seção por seção, que se iniciaria no dia seguinte.

O movimento se espalhou em um ritmo incrível. Os rapazes circulavam gritando: "Occupation! Occupation!" Metade da fábrica havia parado de trabalhar antes que o pessoal dos sindicatos se desse conta do que se passava. Lá pelas 4 horas da tarde, Sylvain, um secretário da CGT, chegou com um equipamento de alto-falante para dizer-lhes que "caso eles não forem em número suficiente para reiniciar o trabalho, eles veriam amanhã sobre a possibilidade de se fazer uma greve de um dia". Ele é completamente ignorado. Às 5 horas da tarde, Halbeher, secretário-geral da CGT da Renault, anuncia, pálido como uma folha de papel, que a "CGT fez um chamado para a ocupação da fábrica". "Avise seus amigos", o sujeito diz. "*Nós começamos a greve. Mas seremos capazes de mantê-la em nossas mãos? Ca, c'est un autre problème...*[52]"

Estudantes? Bem, deve-se tirar o chapéu para qualquer um que consiga enfrentar a polícia tão duramente quanto eles! Os rapazes dizem que dois dos seus colegas desapareceram da fábrica juntos, dez dias atrás, "para ajudar a Revolução". Deixaram a família, empregos, tudo, além de um boa sorte para eles. "Uma oportunidade como essa aparece só uma vez na vida." Discutimos planos de como fazer o movimento crescer. A fábrica ocupada poderia ser apenas um gueto, "isolant les durs" (que contém os mais radicais). Falamos sobre acampamento, cinema, a Sorbonne, o futuro. Quase até o amanhecer...

---

[52] Em francês no original. *Isso é um outro problema...* (N.T.)

"ATTENTION AUX PROVOCATEURS"[53]

LEVANTAMENTOS SOCIAIS, COMO ESTE QUE A França acabou de atravessar, deixam atrás deles uma trilha de reputações destruídas. A imagem do gaullismo como um estilo de vida significativo, "aceita" pelo povo francês, sofreu um tremendo golpe. Da mesma forma a imagem do Partido Comunista como uma possível oposição à ordem estabelecida francesa.

No que toca aos estudantes, as recentes atitudes do PCF (Partido Comunista Francês) foram tais que o Partido provavelmente selou seu destino no meio estudantil por uma geração. Entre os trabalhadores os efeitos são mais difíceis de serem avaliados, e seria prematuro se aventurar nessa avaliação. Tudo que pode ser dito é que são certamente profundos, embora eles provavelmente levem algum tempo para aparecer. A própria condição de proletário foi por um momento questionada. E prisioneiros que têm um vislumbre da liberdade não retornam facilmente à prisão perpétua.

Todas as implicações do papel do PCF e da CGT ainda precisam ser estimadas pelos revolucionários britânicos, que precisam acima de tudo estar informados. Nesta seção documentaremos o

---

[53] "Cuidado com os Provocadores". (N.T.)

papel do PCF o melhor que pudermos. É importante notar que para cada quilo de merda atirada nos estudantes pela sua publicação oficial, foram despejadas toneladas durante as reuniões e em conversas privadas. Pela sua natureza, é mais difícil documentar este último tipo de injúria.

SEXTA-FEIRA, 3 DE MAIO

Um comício foi convocado no jardim da Sorbonne pela UNEF, JCR (Juventude Comunista Revolucionária), MAU (Mouvement d'Action Universitaire, Movimento de Ação Universitário) e FER para protestar contra o fechamento da faculdade de Nanterre. Participaram dela militantes do Movimento 22 de Março. A polícia foi chamada pelo reitor Roche, e ativistas de todos esses grupos foram presos. A UEC (Union des Étudiants Communistes, União dos Estudantes Comunistas) não participou nesta campanha. Porém distribuiu um panfleto na Sorbonne denunciando a atividade de *grupuscules*.

> "Os líderes de grupos de esquerda estão tirando proveito das fraquezas do governo. Estão explorando o descontentamento estudantil e tentando parar o funcionamento das faculdades. Estão buscando impedir que os estudantes estudem e passem nas provas. Esses falsos revolucionários estão agindo objetivamente como aliados do governo gaullista. Estão agindo como partidários das suas políticas, as quais são prejudiciais à maioria dos estudantes e em especial aos de origem modesta."

No mesmo dia *l'Humanité* tinha escrito "Alguns pequenos grupos (anarquistas, trotskistas, maoístas), formados principalmente pelo filhos da grande burguesia e liderados pelo anarquista alemão Cohn-Bendit, estão se aproveitando das fraquezas do governo..." etc... (veja acima). A mesma edição de *l'Humanité* publicou um artigo de Marchais, um membro do Comitê Central do Partido. Esse artigo foi amplamente difundido na forma de panfleto, em fábricas e escritórios:

> "Não satisfeitos com a agitação que estão conduzindo no meio estudantil – agitação que vai contra os interesses da grande parte dos estudantes e que favorece os provocadores fascistas – esses pseudo-revolucionários agora têm a coragem de querer dar lições ao movimen-

to operário. São encontrados em cada vez maior número nos portões das fábricas e nas áreas onde moram trabalhadores imigrantes, distribuindo panfletos e outras propagandas. Esses falsos revolucionários devem ser desmascarados, porque objetivamente eles estão servindo aos interesses do governo gaullista e dos grandes monopólios capitalistas".

SEGUNDA-FEIRA, 6 DE MAIO

A polícia ocupou o Quartier Latin durante a semana. Aconteceram grandes manifestações estudantis de rua. Sob a convocação da UNEF e SNESup, 20 mil estudantes marcharam da Denfert Rochereau à St. Germain des Pres pedindo a libertação dos trabalhadores e estudantes presos. A polícia atacou repetidas vezes os manifestantes: 422 presos, 800 feridos.

O *l'Humanité* declara:

"pode-se claramente ver hoje o resultado das ações aventureiras de grupos de esquerda, anarquistas, trotskistas e outros. Objetivamente, eles estão jogando o jogo do governo... O descrédito a que eles estão levando o movimento estudantil está ajudando a alimentar as violentas campanhas da imprensa reacionária e da ORTF, que por identificarem as ações desses grupos com a dos estudantes em geral, tentam isolar os estudantes da maioria da população..."

TERÇA-FEIRA, 7 DE MAIO

A UNEF e a SNESup convocam seus partidários para começarem uma paralisação por tempo indefinido. Eles reivindicam inicialmente às autoridades que:

    a) todas as ações judiciais contra os estudantes e trabalhadores que foram interrogados, presos ou condenados durante as manifestações dos últimos dias sejam suspensas,
    b) seja retirada a polícia do Quartier Latin e de todos os recintos universitários,
    c) sejam reabertas as faculdades fechadas.

Numa declaração que mostra como relativamente eles desconheciam as principais razões da revolta estudantil, os "Representantes Comunistas Eleitos da Região de Paris" declararam (no *l'Humanité*):

> "A falta de crédito, de espaço, de equipamento, de professores... impedem que três de cada quatro estudantes completem seus estudos, sem mencionar aqueles que nunca tiveram acesso ao nível superior... Essa situação causou um descontentamento profundo e legítimo tanto entre estudantes quanto entre professores. Ela também favoreceu a atividade de grupos irresponsáveis cujas concepções políticas não podem oferecer nenhuma solução aos problemas dos estudantes. É intolerável que o governo se aproveite do comportamento de uma minoria infinitesimal para interromper os estudos de dezenas de milhares de estudantes a poucos dias de seus exames..."

A mesma edição de *l'Humanité* trazia uma declaração da seção dos "Sorbonne-Lettres" (professores) do Partido Comunista:

> "Os professores comunistas exigem a libertação dos estudantes presos e a reabertura da Sorbonne. Cientes de nossas responsabilidades, especificamos que esta solidariedade não significa que concordamos ou apoiamos os lemas de certas organizações estudantis. Nós desaprovamos os lemas fantasiosos, demagógicos e anticomunistas, e os métodos de ação irresponsáveis defendidos por vários grupos de esquerda".

No mesmo dia, Georges Séguy, secretário-geral da CGT, falou à imprensa sobre a programação do Festival da Juventude Operária (marcado para 17-19 de maio, mas subseqüentemente cancelado):

> "A solidariedade entre estudantes, professores e a classe trabalhadora é uma idéia comum aos militantes da CGT... É exatamente essa tradição que nos obriga a não tolerar qualquer elemento suspeito ou provocador, elementos esses que criticam as organizações da classe trabalhadora..."

QUARTA-FEIRA, 8 DE MAIO

Uma grande manifestação estudantil chamada pela UNEF ocorreu nas ruas de Paris na noite anterior. A primeira página do *l'Humanité* traz uma declaração do secretariado do Partido:

"O descontentamento dos estudantes é legítimo. Mas a situação favorece atividades aventureiras, cujas concepções políticas não oferecem perspectiva aos estudantes e não possuem nada em comum com uma política verdadeiramente progressista e de longo prazo..."

Na mesma edição, J.M. Catala, secretário-geral da UEC escreve que:

"as ações de grupos irresponsáveis estão ajudando os poderes estabelecidos a alcançarem seus objetivos... O que devemos fazer é pedir um orçamento educacional maior, que assegure maiores subvenções aos estudantes, a nomeação de mais professores e com melhores qualificações, a construção de novas faculdades..."

A UJCF (Union des Jeunes Filles Françaises) distribui panfletos em vários liceus. O *l'Humanité* cita esse fato de forma aprovativa:

"Protestamos contra a violência policial desencadeada contra os estudantes. Exigimos a reabertura da Nanterre e da Sorbonne e a libertação dos que foram presos. Denunciamos o governo gaullista como o principal (!) responsável por esta situação. Denunciamos também o aventureirismo de certos grupos irresponsáveis e chamamos os secundaristas para lutarem lado a lado com a classe trabalhadora e seu Partido Comunista..."

SEGUNDA-FEIRA, 13 DE MAIO

Durante o fim de semana Pompidou recuou. Mas as organizações, a UNEF e a dos professores, decidiram manter sua convocação para a paralisação de um dia.

Na primeira página, *l'Humanité* publica, com enormes manchetes, uma chamada para a greve de 24 horas seguida por uma declaração do departamento político:

"A união da classe trabalhadora e dos estudantes ameaça o regime... Isto cria um enorme problema. É essencial que não seja permitida nenhuma provocação, nenhum desvio que distraia quaisquer das forças que lutam contra o regime ou que dêem ao governo o menor pretexto que seja para distorcer o significado dessa grande luta. O Partido Comunista se associa sem reservas à justa luta dos estudantes..."

QUARTA-FEIRA, 15 DE MAIO

As enormes manifestações de segunda-feira em Paris e em outras cidades – que casualmente impediram que *l'Humanité* assim como outros jornais saíssem na terça-feira – foram um tremendo sucesso. Em certo sentido elas foram o estopim da "espontânea" onda de greves que se seguiu em um ou dois dias. O *l'Humanité* publica, na primeira página, uma declaração emitida no dia anterior pelo departamento político do Partido. Após se darem todos os créditos pelo 13 de maio, a declaração continua:

> "A população de Paris marchou por horas nas ruas da capital, demonstrando um poder que tornara qualquer provocação impossível. As organizações do Partido trabalharam dia e noite para assegurar que esta grande manifestação de trabalhadores, professores e estudantes ocorresse com o máximo de unidade, força e disciplina... Agora é evidente que os poderes estabelecidos, que se defrontaram com a ação coletiva e os protestos dos principais setores da população, procurarão nos dividir na esperança de nos vencer. Eles recorrerão a todos os métodos, incluindo a provocação. O departamento político alerta os trabalhadores e estudantes contra qualquer empreendimento aventureiro que possa, nas circunstâncias atuais, desviar a frente ampla da luta que está em processo de desenvolvimento, e fornecer ao governo gaullista uma nova arma para consolidar sua instável ordem..."

SÁBADO, 18 DE MAIO

Durante as últimas 48 horas, greves com ocupação de fábrica se espalharam como um rastro de pólvora de um canto ao outro do país. As ferrovias estão paralisadas, nos aeroportos civis a bandeira vermelha tremula. (Os provocadores estiveram obviamente em ação!)

O *l'Humanité* publica na primeira página uma declaração do Comitê Nacional da CGT:

> "A toda hora greves e ocupações de fábrica estão se espalhando. Essas ações, que começaram por iniciativa da CGT e de outras organizações sindicais (sic!), criam um novo contexto de excepcional importância... O descontentamento popular acumulado durante muito tempo está nesse momento encontrando uma forma de expressão. As questões que

estão sendo colocadas devem ser respondidas seriamente e a importância delas deve ser totalmente apreendida. A evolução desse contexto está dando uma nova dimensão à luta... Enquanto multiplica seus esforços para elevar a luta ao patamar necessário, o Comitê Nacional alerta todos os militantes da CGT e grupos locais contra qualquer tentativa por parte de grupos de fora de se intrometerem na condução da luta, e contra todos os atos de provocação que possam ajudar as forças de repressão nas suas tentativas de impedir o crescimento do movimento..."

A mesma edição do jornal dedicou uma página inteira para alertar os estudantes sobre a falácia de qualquer concepção de "poder estudantil" – *en passant* –, atribuindo ao Movimento 22 de Março uma série de posições políticas que eles nunca sustentaram.

SEGUNDA-FEIRA, 20 DE MAIO

O país inteiro está totalmente paralisado. O Partido Comunista ainda está alertando sobre as "provocações". No canto direito superior do *l'Humanité* se vê um quadro com o título "ALERTA".

"Panfletos têm sido distribuídos na região de Paris convocando uma greve geral insurrecional. Não precisa ser dito que tal apelo não foi emitido pelas nossas organizações sindicais democráticas. Eles são produto de provocadores que buscam dar ao governo um pretexto para uma intervenção... Os trabalhadores devem estar atentos para impedirem tais manobras..."

Na mesma edição, Etienne Fajon do Comitê Central continua os alertas:

"A principal preocupação atual dos poderes estabelecidos é dividir a classe trabalhadora e isolá-la da população... Nosso departamento político alertou os trabalhadores e estudantes, desde o início, contra os slogans aventureiros capazes de desviar a frente ampla da sua luta. Várias provocações foram deste modo impedidas. Nossa atenção deve certamente ser mantida..."

A mesma edição dedica suas páginas centrais a uma entrevista com o senhor George Séguy, secretário-geral da CGT, feita pela maior rede de rádio da Europa. Nessa entrevista ao vivo, vários ouvintes fizeram diretamente perguntas pelo telefone. Os diálogos que seguem merecem registro:

Pergunta: Senhor Séguy, os trabalhadores em greve estão dizendo em todos os lugares que eles vão resolver a questão. O que você quer dizer com isso? Quais são seus objetivos?
Resposta: A greve está tão forte que os trabalhadores obviamente pretendem obter o máximo de concessões ao fim desse movimento. Resolver a questão, para nós sindicalistas, significa conquistar as reivindicações pelas quais temos sempre lutado, mas que o governo e os patrões sempre se recusaram ouvir. Eles foram rudemente intransigentes às propostas de negociação que por várias vezes fizemos.

Resolver a questão significa um aumento geral dos salários (com salário mínimo de 600 francos por mês), garantia de emprego, uma idade de aposentadoria mais baixa, redução da jornada de trabalho sem diminuição de salário, e a proteção e expansão dos direitos sindicais dentro da fábrica. Essas reivindicações não possuem uma ordem hierárquica específica porque damos a mesma importância a todas elas.

Pergunta: Se eu não estou enganado, o estatuto da CGT declara o objetivo de derrubar o capitalismo e substituí-lo pelo socialismo. Na situação atual, que você mesmo se referiu como "excepcional" e "importante", por que a CGT não aproveita essa chance única para invocar seus objetivos fundamentais?
Resposta: Essa é uma pergunta muito interessante. Eu gostei muito dela. É verdade que a CGT oferece aos trabalhadores uma concepção de sindicalismo que consideramos a mais revolucionária, na medida que seu objetivo último é o fim da classe exploradora e do trabalho assalariado. É verdade que este é o primeiro de nossos estatutos. Ele permanece sendo fundamentalmente o objetivo da CGT. Entretanto, o movimento atual pode alcançar esse objetivo? Caso se tornasse óbvio que pudesse, estaríamos prontos para assumir nossas responsabilidades. Resta saber se todos os socialistas envolvidos no atual movimento estão prontos para ir tão longe.

Pergunta: Desde os acontecimentos da última semana eu tenho ido a todos os lugares onde há discussões. Fui essa tarde ao Teatro

Odéon. Muitas pessoas estavam discutindo lá. Eu posso assegurar a você que todas as classes que são oprimidas pelo atual regime estavam presentes lá. Quando eu perguntei se elas achavam que o movimento deveria ir além das limitadas reivindicações postas pelos sindicatos nos últimos dez ou vinte anos, a casa veio abaixo. Portanto, eu acho que seria um crime deixar escapar a atual oportunidade. Seria um crime porque mais cedo ou mais tarde isso terá que ser feito. As condições atuais poderiam nos permitir fazê-lo pacificamente e tranqüilamente, e talvez elas nunca apareçam de novo. Eu acho que esta iniciativa deve ser feita por vocês e outras organizações políticas. Essas organizações políticas não são por certo empresas, mas a CGT é uma organização revolucionária. Vocês devem desenrolar sua bandeira revolucionária. Os trabalhadores estão perplexos diante da timidez de vocês.
Resposta: Enquanto você estava envolvido na febre do Odéon, eu estava nas fábricas. Entre os trabalhadores, eu lhe asseguro que a resposta que estou dando a você é a resposta de um dirigente de um grande sindicato, que afirma ter assumido todas as suas responsabilidades, mas que não confunde seus próprios desejos com a realidade.

Um ouvinte: Eu gostaria de falar com o senhor Séguy. Meu nome é Duvauchel. Eu sou diretor da fábrica Sud Aviation de Nantes.
Séguy: Bom dia, senhor.

Duvauchel: Bom dia, secretário-geral. Eu gostaria de saber o que você acha do fato de que nos últimos quatro dias eu e mais outros vinte diretores temos estado presos dentro da fábrica da Sud Aviation em Nantes.
Séguy: Alguém chegou a lhe agredir?

Duvauchel: Não. Mas eu sou impedido de sair, apesar do fato do diretor-geral ter notificado que a empresa estava preparada para fazer concessões assim que o livre acesso às fábricas fosse restabelecido, principalmente para seu corpo administrativo.
Séguy: Você pediu para sair da fábrica?

Duvauchel: Pedi!
Séguy: A permissão foi recusada?

Duvauchel: Foi!
Séguy: Então eu tenho que me reportar à declaração que fiz ontem na conferência de imprensa da CGT. Eu declarei que desaprovava tais atitudes. Estamos tomando as medidas necessárias para que elas não se repitam.
Isso já é o suficiente. A própria Revolução será sem dúvida denunciada pelos stalinistas como provocação!
Como uma forma de epílogo, vale registrar que numa reunião de estudantes lotada, realizada no Mutualité na quinta-feira, dia 9 maio, um porta-voz da organização trotskista Communiste Internationaliste foi incapaz de pensar em algo melhor do que a convocação de uma reunião para passar uma resolução pedindo para Séguy convocar uma greve geral!!!

FRANÇA, 1968

ESTE FOI SEM DÚVIDA O MAIOR LEVANTAMENTO revolucionário na Europa Ocidental desde a Comuna de Paris. Centenas de milhares de estudantes travaram batalhas intensas com a polícia. Nove milhões de trabalhadores entraram em greve. A bandeira vermelha da revolta tremulou sobre fábricas ocupadas, universidades, canteiros de obras, estaleiros, escolas primárias e secundárias, entradas de minas, estações ferroviárias, lojas de departamento, navios transatlânticos ancorados, teatros, hotéis. A Ópera de Paris, o Folies Bergères e o prédio do Conselho Nacional de Pesquisa Científica foram tomados, assim como a sede da Federação Francesa de Futebol – organização cujo objetivo, sentia-se nitidamente, era "impedir que os simples amantes do futebol pudessem ter prazer com ele".

Praticamente todos os setores da sociedade francesa se envolveram de alguma forma. Centenas de milhares de pessoas de todas as idades discutiram todos os aspectos da vida em reuniões lotadas e ininterruptas em todas as salas de aula ou auditórios disponíveis. Garotos de catorze anos invadiram uma escola primária para garotas gritando "Liberté pour les filles"[54]. Até mesmo os recintos

---

[54] "Liberdade para as garotas". (N.T.)

tradicionalmente reacionários como as Faculdades de Medicina e de Direito foram sacudidas de cima a baixo, suas intocáveis normas e instituições foram questionadas e desaprovadas. Milhões contribuíram para fazer história. Essa é a essência da revolução.

Sob a influência dos estudantes revolucionários, milhares de pessoas começaram a questionar todo o princípio hierárquico. Os estudantes o questionaram onde ele parecia ser mais "natural": nos domínios do ensino e do saber. Afirmaram que a autogestão democrática era possível – e para provar começaram eles mesmos a pô-la em prática. Denunciaram o monopólio da informação e produziram milhões de panfletos para rompê-lo. Atacaram alguns dos principais pilares da "civilização" contemporânea: as fronteiras entre os trabalhadores manuais e intelectuais, a sociedade do consumo, o caráter "divino" da Universidade e de outras fontes da cultura e da ciência capitalista.

Em questão de dias o enorme potencial criativo das pessoas rapidamente veio à tona. As idéias mais audaciosas e realistas – normalmente são ambas as mesmas – foram defendidas, discutidas, aplicadas. A linguagem, destituída de vida pelas décadas de baboseiras burocráticas, estripada por aqueles que a manipulam para fins publicitários, subitamente reapareceu como algo novo e alegre. As pessoas se reapropriaram dela em toda sua plenitude. Slogans magnificamente adequados e poéticos emergiram da multidão anônima. As crianças explicaram aos mais velhos quais deveriam ser as funções da educação. Em poucos dias, jovens de vinte anos atingiram um nível de compreensão e um sentido político e tático que muitos que estão no movimento revolucionário há trinta anos ou mais lamentavelmente ainda não adquiriram.

O tumultuoso desenvolvimento da luta estudantil desencadeou as primeiras ocupações de fábrica. Ela modificou tanto as relações de força na sociedade, quanto a imagem, na cabeça das pessoas, das instituições estabelecidas e dos dirigentes estabelecidos. Ela obrigou o Estado a revelar sua natureza opressiva e sua essência contraditória. Ela expôs a absoluta nulidade do Governo, do Parlamento, da Direção – e de TODOS os partidos políticos. Es-tudantes desarmados forçaram os poderes estabelecidos a tirar sua máscara, a suar de medo, a recorrer ao cassetete da polícia e à bomba de gás. Os estudantes por fim obrigaram os dirigentes burocráticos das "organizações da classe trabalhadora" a se revelarem como os últimos guardiões da ordem estabelecida.

O movimento revolucionário fez ainda mais. Ele travou suas batalhas em Paris, não em um país subdesenvolvido, explorado pelo imperialismo. Em poucas e gloriosas semanas de ação os estudantes e os jovens trabalhadores dissiparam o mito da bem organizada e bem lubrificada sociedade capitalista moderna, na qual os grandes conflitos estariam erradicados, restando somente problemas marginais a serem resolvidos. Foi mostrado de uma hora para outra aos dirigentes acostumados a dirigir tudo, que eles não tinham compreensão de nada. Os arquitetos que costumavam planejar tudo mostraram-se incapazes de assegurar o endosso daqueles para os quais se destinavam os seus planos.

Espera-se que este movimento, o mais moderno, possibilite que os verdadeiros revolucionários larguem uma série de empecilhos que no passado obstruíram a ação revolucionária. Não foi a fome que levou os estudantes à revolta. Não havia uma "crise econômica" nem mesmo no sentido mais amplo da palavra. Essa revolta não teve nada a ver com o "sub-consumo" ou com "super-produção". A "queda da taxa de lucro" simplesmente não entrou em cena. Além do mais, o movimento estudantil não era baseado em reivindicações econômicas. Pelo contrário, o movimento somente encontrou sua verdadeira estatura, e sua enorme reação somente despertou, quando ele foi além das reivindicações econômicas dentro das quais o sindicalismo estudantil por tanto tempo tentava encerrá-lo (coincidentemente com a benção de todos os partidos políticos e grupos "revolucionários" da "esquerda"). E do mesmo modo, foi por confinarem a luta dos trabalhadores a objetivos puramente econômicos que os burocratas sindicais em grande parte conseguiram avançar para socorrer o regime.

O movimento atual mostrou que a contradição fundamental do capitalismo burocrático moderno não é a "anarquia do mercado". Não é a "contradição entre as forças produtivas e as relações de propriedade". O conflito central ao qual todos os outros conflitos estão relacionados é o conflito entre os que dão ordens (dirigentes) e os que obedecem ordens (executores). A contradição insolúvel que atravessa o âmago da sociedade capitalista moderna é a contradição entre a sua necessidade de excluir as pessoas da gestão de suas próprias atividades e ao mesmo tempo requerer a participação delas, sem a qual ela ruiria. Essas tendências se expressam por um lado na tentativa dos burocratas de converter homens em objetos (pela violência, pela mistificação, por novas técnicas de manipulação – ou "sonhos materiais") e, por outro lado, na recusa humana de permitir que sejam tratados dessa forma.

Os acontecimentos na França mostram claramente algo que todas as revoluções mostraram, mas, pelo que parece, tem de ser sempre reaprendido. Não existe "perspectiva em si mesma revolucionária", não há "aumento gradual das contradições", não existe "progressivo desenvolvimento da consciência revolucionária das massas". O que existe são as contradições e os conflitos que descrevemos e o fato de a sociedade burocrática moderna produzir, de certa forma inevitavelmente, "acidentes" periódicos que interrompem seu funcionamento. Ambos provocam intervenções populares e fornecem às pessoas oportunidades para reivindicarem seus direitos e para transformarem a ordem social. O funcionamento do capitalismo burocrático cria as condições a partir das quais uma consciência revolucionária pode emergir. Essas condições são uma parte integrante da totalidade da estrutura social alienante, hierárquica e opressiva. Sempre que se trava uma luta, se é forçado mais cedo ou mais tarde a questionar a totalidade da estrutura social.

Estas são concepções que muitos de nós no Solidarity temos compartilhado há muito tempo. Elas foram desenvolvidas em profundidade em algumas brochuras de Paul Cardan. Escrevendo no *Le Monde* (20 de maio, 1968) Edgar Morin[55] admite que o que está acontecendo hoje na França é "um ressurgimento deslumbrante: o ressurgimento da corrente libertária que busca se conciliar com o marxismo, do modo fornecido pela primeira vez pela *Socialismo ou Barbárie*[56] poucos anos atrás...". Da mesma forma, após a verificação das concepções básicas no crisol dos acontecimentos reais, muitos proclamarão que estas sempre foram suas idéias. O que, é claro, não é verdade (ver item 1 da página 79). Não se trata,

---

[55] Edgar Morin (1921-), filósofo francês. Escreveu, entre diversos livros, *Culturas de Massa no Século XX: o espírito do tempo*, Rio de Janeiro: Forense-Universitária, 1977. (N.T.)
[56] Revista socialista crítica fundada por Claude Lefort e Cornelius Castoriadis que durou de 1953 a 1965. (N.T.)

contudo, de pretender uma espécie de direito autoral no campo das idéias revolucionárias corretas. Recebemos com alegria os convertidos, venham de onde vierem, ou seja com que atraso for.

Não é possível tratar em profundidade aqui sobre um importante problema na França, isto é, a criação de um novo tipo de movimento revolucionário. As coisas teriam sido de fato diferentes se tal movimento existisse, se fosse forte o suficiente para levar a melhor sobre as manobras da burocracia, se tivesse estado suficientemente alerta o tempo todo para expor a duplicidade dos dirigentes de "esquerda", se estivesse suficientemente inserido para explicitar aos trabalhadores o verdadeiro propósito da luta dos estudantes, para difundir a idéia de comitês de greve autônomos (unindo membros e não-membros dos sindicatos), da gestão da produção pelos trabalhadores e dos conselhos operários. Muitas coisas que poderiam ter sido feitas não foram por causa da ausência de um tal movimento. O modo como a própria luta dos estudantes foi desencadeada mostra que tal organização poderia ter desempenhado o papel catalítico mais importante sem necessariamente se tornar uma "liderança" burocrática. Mas esse tipo de lamentação é inútil. A não-existência de tal movimento não é um acidente. Se ele tivesse sido formado em uma época anterior, ele não teria tido as características do movimento que estamos falando. Mesmo pegando o que há de "melhor" de uma pequena organização – e a multiplicando centenas de vezes – não teríamos suprido as necessidades da situação em curso. Quando confrontados com a realidade dos acontecimentos, todos os grupos de "esquerda" simplesmente continuaram tocando seus discos quebrados. Sejam quais forem seus méritos como guardiões das velhas cinzas da revolução – uma tarefa que eles têm executado por várias décadas –, esses grupos se mostraram incapazes de romper com suas velhas idéias e hábitos, incapazes de aprender ou esquecer qualquer coisa que fosse (ver item 2 da página 79).

O novo movimento revolucionário terá de ser construído a partir dos novos elementos (estudantes e trabalhadores) que compreenderam o verdadeiro significado dos acontecimentos correntes. A revolução deve ocupar o grande vazio político revelado pela crise da antiga sociedade. Ele deve desenvolver uma voz, uma cara, um jornal – e deve fazê-lo logo.

Podemos entender a relutância de alguns estudantes em formarem tal organização. Eles sentem a existência de uma contradição entre a ação e o pensamento, entre a espontaneidade e a organização. Essa hesitação é alimentada por todas as experiências anteriores que tiveram. Eles viram como o pensamento pode se tornar um dogma estéril, a organização se tornar uma burocracia ou um ritual sem vida, o discurso se tornar um meio de mistificação, uma idéia revolucionária se tornar um programa rígido e estereotipado. Através de suas ações, de sua ousadia, de sua relutância em considerar os objetivos a longo prazo, eles se livraram dessa camisa-de-força. Mas isso não é suficiente.

Além do mais, muitos deles foram uma amostra dos tradicionais grupos de "esquerda". Em todos os seus aspectos fundamentais, esses grupos permaneceram presos dentro do quadro ideológico e organizacional do capitalismo burocrático. Possuem rígidos programas estabelecidos para hoje e sempre, líderes que pronunciam sempre os mesmos discursos – sejam quais forem as mudanças ocorridas na realidade em volta deles –, e um modelo organizacional que reflete os modelos da sociedade existente. Esses grupos reproduzem em suas próprias fileiras a divisão entre os que dão ordens e os que recebem ordens, entre os que "sabem" e os que não sabem, e a separação entre a pseudoteoria acadêmica e a vida real. Eles até mesmo desejariam estabelecer essa divisão na classe trabalhadora, a qual aspiram dirigir, visto que para eles (e eles próprios me disseram isso inúmeras vezes) "os trabalhadores somente são capazes de desenvolver uma consciência sindical".

Mas aqueles estudantes estão enganados. Não se supera a organização burocrática negando todas as formas de organização. Não se faz contraposição à estéril rigidez dos programas acabados recusando se definir em termos de objetivos e métodos. Não se refuta os dogmas mortos através da condenação da reflexão teórica. Os estudantes e os jovens trabalhadores não podem simplesmente se acomodar nesta situação. Aceitar essas "contradições" como incontestáveis e como algo que não pode ser transcendido é aceitar a essência da ideologia do capitalismo burocrático. É aceitar a filosofia dominante e a realidade que prevalece. É integrar a revolução na ordem histórica estabelecida.

Se a revolução for apenas uma explosão de poucos dias (ou semanas), a ordem estabelecida – quer ela saiba ou não – será capaz de superá-la. A sociedade de classes – no fundo – até mesmo necessita de tais abalos. Esse tipo de "revolução" permite que a sociedade de classes sobreviva, por forçá-la a se transformar e se adaptar. Esse é o verdadeiro perigo hoje em dia. Explosões que destroem o mundo imaginário no qual as sociedades alienadas tendem a viver – e os trazem momentaneamente de volta à Terra – ajudam essas sociedades a eliminar métodos antiquados de dominação e a desenvolver métodos novos e mais flexíveis.

Pensamento ou ação? Para os socialistas revolucionários o problema não é fazer a síntese dessas duas preocupações dos estudantes revolucionários. É destruir o contexto social no qual essas falsas dicotomias se enraízam.

Solidarity, 1968

---

1. Recordamos, por exemplo, uma extensa resenha do *Modern Capitalism and Revolution in International Socialism* (n. 22) onde, sob o título "Return to Utopia", Cardan[57] foi considerado "uma nulidade em termos de teoria". Sua previsão de que as pessoas possivelmente rejeitariam o vazio da sociedade de consumo foram descritas como "mera moralização" e como se fortalecessem "um ascetismo cristão". Os autores deveriam talvez visitar o novo convento da Sorbonne.

2. Não estamos nos referindo principalmente a grupos trotskistas como o FER, que na noite das barricadas, apesar dos repetidos apelos para ajudarem, recusaram cancelar sua assembléia no Mutualité ou mesmo enviar reforços para ajudar os estudantes e trabalhadores que já travavam um intenso combate com a CRS

---

[57] Paul Cardan, pseudônimo utilizado na época por Cornelius Castoriadis (1922-1997), pensador socialista que rompeu com o trotskismo no final dos anos 40, passando a defender posições e concepções libertárias. Com Claude Lefort fundou a revista e grupo *Socialismo e Barbárie*. (N.T.)

nas barricadas da rua Gay-Lussac. Não estamos nos referindo ao seu líder Chisseray que clamava ser "necessário acima de tudo preservar a vanguarda revolucionária de um massacre desnecessário". Nem estamos nos referindo às repetidas críticas maoístas da luta estudantil, pronunciadas tardiamente pelo dia 7 de maio. Estamos nos referindo à falta de capacidade de *qualquer* grupo trotskista ou maoísta de levantar as questões reais que surgem em uma situação revolucionária, isto é, evocar a gestão da produção pelos trabalhadores e a formação de conselhos operários. Nenhum desses grupos sequer tocou no tipo de questão que os estudantes revolucionários discutiam dia e noite: as relações de produção na indústria capitalista, a alienação no trabalho independente do nível salarial, a divisão entre dirigentes e dirigidos dentro da hierarquia da fábrica ou dentro das próprias organizações da "classe trabalhadora". Tudo que o *Humanité Nouvelle* contrapôs às contínuas atividades desmobilizadoras da CGT foi o slogan imensamente desmistificador: "Vive le CGT" ("A CGT não é realmente o que parece ser, companheiro"). Tudo que a *Voix Ouvrière* contrapôs à reivindicação da CGT de um salário mínimo de 600 francos foi... um salário mínimo de 1.000 francos. Este tipo de leilão revolucionário (constituído por reivindicações puramente econômicas), após os trabalhadores terem ocupado as fábricas por várias semanas, mostra a completa falência dos revolucionários que não foram capazes de reconhecer uma revolução. O *Avant Garde* corretamente atacou algumas das ambigüidades da autogestão do modo como era defendida pela CFDT, mas não foi capaz de salientar as implicações profundamente revolucionárias dessa palavra de ordem.

Trabalhadores, Cuidado!

Texto de um cartaz da CGT, afixado em toda Boulogne Billancourt:

> Há alguns meses as mais diversas publicações têm sido distribuídas por elementos originários de fora da classe trabalhadora.
> Os autores desses artigos permanecem anônimos na maior parte do tempo, um fato que ilustra bem sua desonestidade. Eles dão os nomes mais estranhos e atraentes aos seus jornais, de modo a melhor iludirem:

Luttes Ouvrières, Servir le Peuple, Unité et Travail [58], *Lutte Communiste, Révoltes, Voix Ouvrière, Un Groupe d'Ouvrièrs*.

Os títulos podem variar mas o conteúdo tem um objetivo comum: afastar da CGT os trabalhadores e provocar divisões no seu seio, de modo a enfraquecê-los.

De noite, seus destacamentos arrancam nossos cartazes. Quando todo eles distribuem alguma coisa nos portões, a polícia nunca está distante, pronta para proteger sua distribuição, como foi recentemente o caso na LMT. Recentemente eles tentaram invadir os escritórios do Labour Exchange em Boulogne. As rádios gaullistas e as colunas dos jornais burgueses dão uma publicidade exagerada às suas atividades.

Este alerta é sem dúvida supérfluo para a maioria dos trabalhadores da Renault que, no passado, já conheceram este tipo de agitação. Por outro lado, os trabalhadores mais jovens devem saber que esses elementos estão a serviço da burguesia, que sempre fez uso desses pseudorevolucionários quando o levantamento das forças conjuntas da esquerda representou uma ameaça a seus privilégios.

É, portanto, importante não permitir que essas pessoas venham aos portões de nossa fábrica para sujar o nome de nossa organização sindical e de nossos militantes da CGT, os quais estão incansavelmente se empenhando na defesa de nossas reivindicações e na construção da unidade. Esses elementos sempre obtêm uma gorda recompensa no final do seu dia de trabalho sujo e pelos serviços leais prestados aos patrões (alguns agora ocupam altas posições na direção da fábrica).

Isto tendo sido dito, o Comitê da CGT (Renault) convoca os trabalhadores para que continuem a lutar por suas reivindicações, que intensifiquem seus esforços para assegurar uma maior unidade das forças sindicais e democráticas, e para engrossarem as fileiras lutando por estes nobres objetivos.

O Diretório Sindical, CGT, Renault

---

[58] Trata-se de uma publicação fascista. Todas as outras são publicações de "esquerda". Um típica técnica de mistura.